Janine Michel

Mit Geschichten aus der Zauberschule das Hörverstehen üben

Verlag an der Ruhr

Impressum

Titel
Mit Geschichten aus der Zauberschule das Hörverstehen üben
Inkl. MP3-Dateien, Klasse 3/4

Autorin
Janine Michel

Umschlagmotiv
Carmen Eisendle

Illustrationen
wenn nicht anders angegeben: Carmen Eisendle

Druck
Heenemann GmbH & Co. KG, Berlin, DE

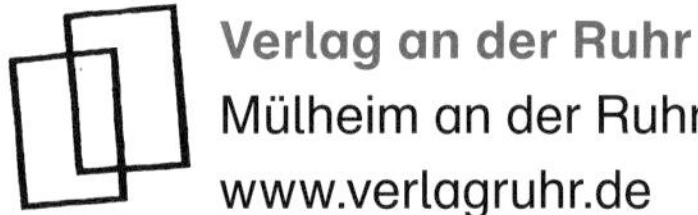

Verlag an der Ruhr
Mülheim an der Ruhr
www.verlagruhr.de

Geeignet für die Klassen 3–4

ISBN 978-3-8346-6337-5

Inhaltsverzeichnis

Downloadmaterial

Audio-Dateien (MP3)
Bildvorlagen (JPG)

Ihr persönlicher Zugang:
Alle im Download befindlichen Dateien können Sie unter dem folgenden Link abrufen:

cloud.verlagruhr.de/lerninhalt/n3y0AwLN00TI/
Passwort: **Zauberei**

Wenn Sie die Materialien auf Ihrem mobilen Endgerät (Handy, Tablet) aufrufen möchten, scannen Sie den QR-Code ab und öffnen Sie die Dateien. Sollte der Link fehlerhaft sein, wenden Sie sich bitte an:
digitaleslernen@verlagruhr.de

Didaktische Hinweise

Die Unterrichtsstunden für die Zuhör-Sequenz der Zauberschule sind in zwei Teile aufgeteilt:
In den ersten vier Stunden entdecken die Kinder sowohl die Umgebung als auch die Räumlichkeiten in der Zauberschule. **Die zwei darauffolgenden Stunden** sind Detektivstunden, denn hier ermitteln die Kinder wer den zwei Hauptfiguren etwas gestohlen hat.

In jeder Zuhör-Stunde gibt es **zwei differenzierte Hördateien**: eine leichte Version und eine schwere Version. In letzterer sind Informationen enthalten, die nicht gebraucht werden, um die Arbeitsaufträge zu lösen. Außerdem unterscheidet sich diese Version von der leichten Version durch teils schwierigere Wörter sowie längere Sätze und einen komplexeren Satzbau.
In diesem Heft finden Sie die schwierige Hörversion als Text. Die Schwierigkeit ist auf den QR-Codes durch Sterne gekennzeichnet.

Drei Sterne    bedeutet **schwierig**
und
zwei Sterne bedeutet **leicht**.

Zu Beginn dieser Zuhörsequenz ist zu empfehlen, dass leistungshomogene Gruppen gebildet werden, bis die Kinder den Ablauf verstanden haben. Danach ist es auch möglich, leistungsheterogene Gruppen zu bilden, wenn jedes Kind über ein Tablet und Kopfhörer verfügt. Denn jede*r[1] kann sich die Hördatei so oft wie nötig anhören sowie Pausen einlegen oder zurück- bzw. vorspulen. Kopfhörer sind nicht unbedingt notwendig, wenn in der Schule die Möglichkeit besteht, dass sich die Kinder auf dem Gang verteilen können und sie leise und rücksichtsvoll arbeiten.
Falls die Zusammenarbeit einigen Kindern schwerfallen sollte, können Sie die Rollen „Schreiber/Schreiberin" und „Zusammenfasser/Zusammenfasserin" einführen (s. Kopiervorlage S. 5). So sind die Aufgaben in der Partnerarbeit genau verteilt.

Um zum nächsten Hörtext zu gelangen, müssen die Kinder in den einzelnen Stunden durch genaues Zuhören die „versteckten" Hinweise in den Hörtexten heraushören und diesen dann folgen.
Die Arbeitsblätter sind durch die einzelnen Personen oder Tiere gekennzeichnet, die zu diesem Blatt Informationen erzählen.

Die MP3-Dateien können die Kinder durch das Scannen der entsprechenden **QR-Codes** anhören. Alternativ können Sie die Dateien vorab auch auf den Endgeräten der Kinder speichern, sodass sie per Klick abrufbar sind. Einen QR-Code sowie einen Link zu den Download-Materialien finden Sie auf S. 3. In diesem Fall benötigen Sie keine QR-Codes zu den einzelnen Stunden.

Für ganz flinke Schüler*innen gibt es bei den meisten Stunden eine **Sternchenaufgabe**. Alternativ oder zusätzlich können die Kinder einen neu kennengelernten Raum zeichnen: Sie können entweder ein (anderes) Schild für die Tür des Raumes entwerfen oder das Innere des Raumes so malen, wie sie es sich vorstellen.

Sämtliche **Bildvorlagen** von den Protagonist*innen finden Sie als farbige Version sowohl hinten im Heft als auch als JPG-Dateien im Download, s. QR-Code sowie Link auf S. 3.

[1] Der Verlag an der Ruhr legt großen Wert auf eine geschlechtergerechte und inklusive Sprache. Daher nutzen wir das Gendersternchen, um sowohl männliche und weibliche als auch nichtbinäre Geschlechtsidentitäten einzuschließen. Alternativ verwenden wir neutrale Formulierungen. In Texten für Schüler*innen finden sich aus didaktischen Gründen neutrale Begriffe bzw. Doppelformen.

Sternchen-Illustration: Anja Boretzki

Rollen

Schreiber/Schreiberin

Gemeinsam mit dem Partnerkind besprichst du nach dem Hören, was ihr genau zu tun habt. Nachdem ein Kind das Gehörte kurz zusammengefasst hat, füllst du das Arbeitsblatt aus. Natürlich unterstützt ihr euch dabei gegenseitig und helft euch.

Illustration: Anja Boretzki

Zusammenfasser/ Zusammenfasserin

Du fasst nach dem Anhören kurz das Gehörte für dich und dein Partnerkind zusammen. Es darf natürlich Dinge ergänzen, die vielleicht vergessen wurden. Seid ihr euch beide nicht mehr so sicher, dann hört euch den Teil noch einmal an.

Illustration: Anja Boretzki

1. Die Schule für große und kleine Zauber

In dieser Stunde lernen die Kinder die zwei Hauptfiguren kennen, die sie beim Zuhören immer begleiten werden.

Material:

- Bildvorlagen „Mo“, „Lilly“, „Hermine“, „Schule für große und kleine Zauber“ (S. 65–67 oder Download)
- Brief (S. 7)
- Zuhör-Tipps (S. 8)

Stundenverlauf:

Zeigen Sie den Kindern das Bild von der „Schule für große und kleine Zauber“. Lassen Sie die Schüler*innen vermuten, was es mit dem Gebäude auf sich haben könnte.
Lesen Sie den Brief von Lilly vor. Die Schüler*innen wiederholen, wie sie Lilly und Mo erkennen können. Zeigen Sie anschließend die zwei Figuren an der Tafel.
Erarbeiten Sie wichtige Zuhör-Tipps mit der Klasse. Fragen Sie: „Was hat dir gerade beim Zuhören besonders geholfen?“
Heften Sie die ausgeschnittenen Tipps ebenfalls an die Tafel.
Hinweis: Es ist wichtig für die Kinder, solche Tipps für die Zuhör-Stunden zu entwickeln, um eine angenehme Atmosphäre zu schaffen, in der sie sich gut auf das Zuhören konzentrieren können.
Lassen Sie die Kinder als Ausblick vermuten, was Mo und Lilly an der besonderen Schule erleben könnten.

Brief

Hallo ihr Lieben,

ich bin Lilly und ich darf euch auf eine ganz besondere Reise mitnehmen. Aber zuerst erzähle ich euch etwas von mir und meinem Freund, bevor es mit dem Abenteuer losgeht.

Ich bin ein Mädchen, 10 Jahre alt und ich gehe auf eine sehr besondere Schule.

Passt gut auf, damit ihr mich erkennen könnt.

Meine Haare sind schulterlang und rötlich.

Ich habe auch einen Pony, der mich manchmal wirklich nervt, vor allem beim Sport. Vielleicht kennt ihr das ja.

Meine Lieblingsfarbe ist Blau, deshalb ist auch meine Kleidung meistens blau. Ach ja, und ich hasse es, Röcke zu tragen.

Ein Markenzeichen von mir und meinem Freund sind unsere dunkelblauen Umhänge, die jedes Kind an dieser besonderen Schule braucht. Daran könnt ihr uns eigentlich immer erkennen.

Mein Freund heißt übrigens Mo, ist 9 Jahre alt und besucht mit mir gemeinsam diese besondere Schule.

Er hat schwarze Haare und trägt auch gerne blaue Klamotten. Er ist ja ein Junge, deshalb trägt er gerne Hosen, aber er hat den gleichen Umhang wie ich.

Nun bin ich sehr gespannt, ob ihr gut aufgepasst habt …
Ich freue mich schon auf das Abenteuer mit euch.

Eure Lilly

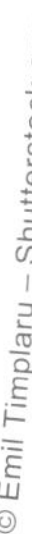

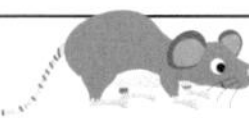

Zuhör-Tipps

Zuhör-Tipps

Illustration: Anja Boretzki

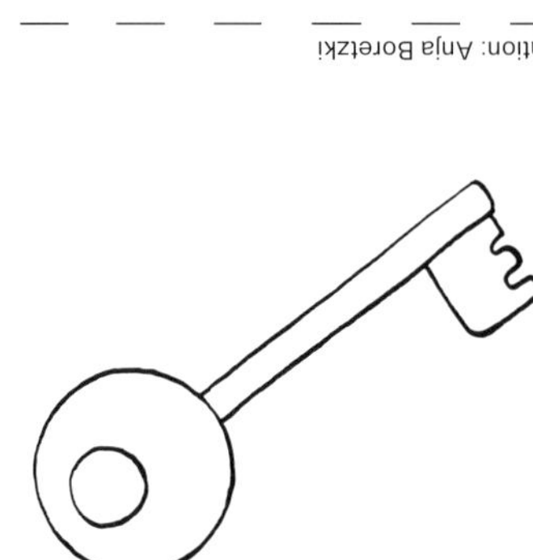

Ich bin leise.

Illustration: Anja Boretzki

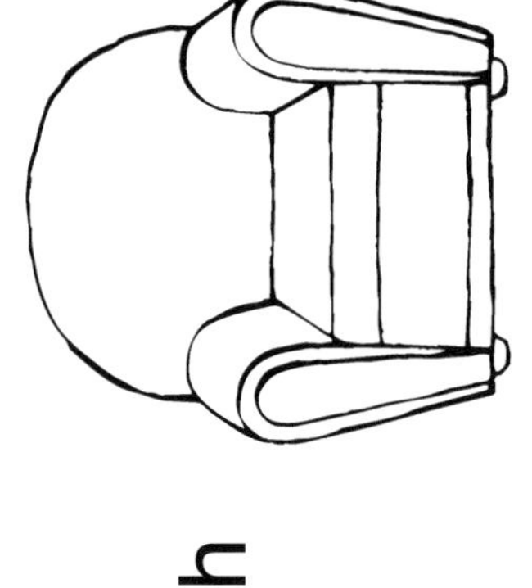

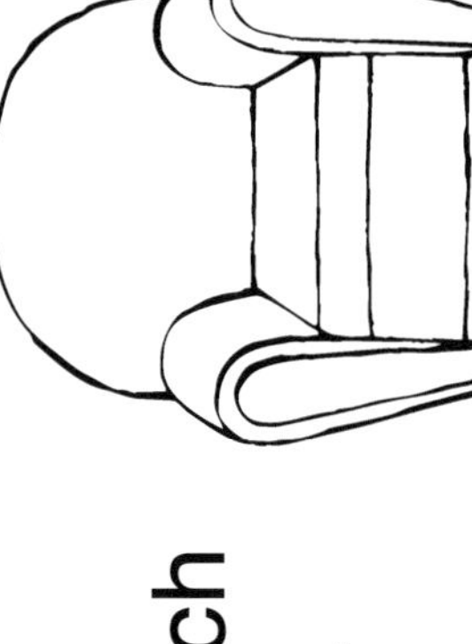

Ich setze mich bequem hin.

Illustration: Anja Boretzki

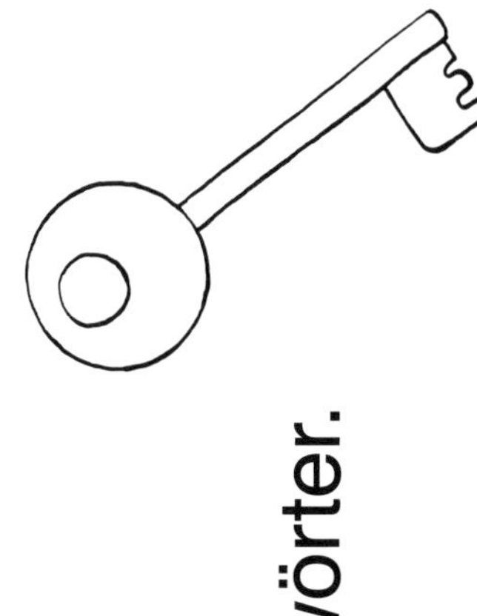

Ich lasse mich nicht ablenken.

Illustration: Anja Boretzki

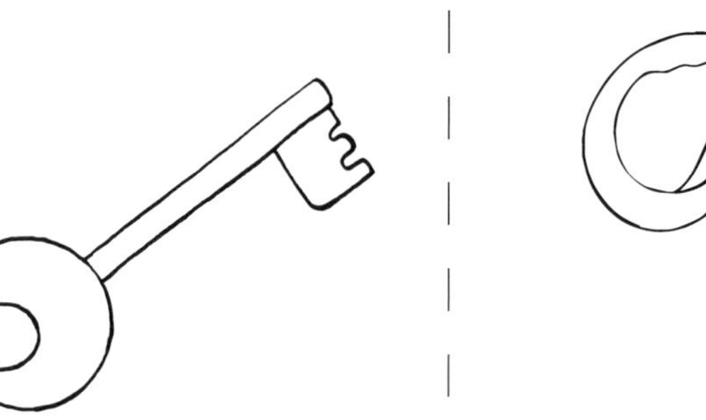

Ich finde Schlüsselwörter.

Illustration: Anja Boretzki

Augen zu, Ohren auf!

Illustration: Anja Boretzki

2. Die Umgebung der Zauberschule

Material:

- evtl. Zaubermusik (z. B. „Prologue“ von John Williams)
- QR-Codes (S. 12), auseinandergeschnitten
- Kopiervorlagen (S. 13/14)

In der zweiten Stunde erkunden die Kinder durch das Anhören der Texte die Umgebung der Zauberschule.

Stundenverlauf:

Lassen Sie die Kinder sich in die Welt der Zauberschule einfinden. Hören Sie dazu Zaubermusik oder beginnen Sie mit einem Zauberspruch, z. B.:
„Eene meene Hexenbein, du wirst jetzt verzaubert sein!
Eene meene eins, zwei, drei, geh geschwind jetzt durch die Wand und komm mit ins Zauberland.
HEX-HEX!“

Fragen Sie die Schüler*innen, woran sie sich aus der letzten Stunde erinnern können.

Hören Sie gemeinsam im Plenum den Einleitungstext an und lassen Sie die Kinder sich frei äußern, was sie alles entdecken und wen sie kennenlernen könnten.

Wiederholen Sie, bevor die Kinder mit den Aufgaben starten, die Zuhör-Tipps. Hängen Sie die entsprechenden Textstreifen an die Tafel. Besprechen Sie vor allem den Tipp „Ich finde Schlüsselwörter“, denn dieser wird benötigt, um die Aufgaben zu bearbeiten.

Erklären Sie anschließend den Ablauf:

1. Wir scannen den QR-Code (Start mit Freddy, dem Fuchs).
2. Wir hören genau zu.
3. Wir erledigen die Aufgabe.

Die Aufgaben sind sowohl in Einzel- als auch Partnerarbeit möglich. Achten Sie darauf, dass die Kinder im Falle von Partnerarbeit in leistungshomogene Gruppen eingeteilt werden. Verteilen Sie entsprechend die QR-Codes zu den schweren oder leichten Hörversionen.

Besprechen Sie am Ende der Stunde gemeinsam die Ergebnisse. Lassen Sie die Kinder Vermutungen anstellen, welche Räume es in der Zauberschule geben könnte.

2. Hörtexte

Lilly und Mo (Einleitung)

Hallo ihr Lieben, wir sind es: Lilly und Mo. Wie du weißt, sind wir neu an der Schule für große und kleine Zauber und wir kennen uns noch gar nicht so richtig aus. Lass uns gemeinsam die Umgebung um die Zauberschule herum erkunden. Bestimmt werden wir einige ungewöhnliche Dinge entdecken und vielleicht können uns ein paar Tiere etwas Wichtiges erzählen.
Los, kommt mit!

Freddy, der Fuchs

Hallo, ich bin's, Freddy, der Fuchs. Na, bist du schon gespannt, was wir alles um die Zauberschule herum entdecken werden? Also, ich kann dir sagen, dass du viele tolle Dinge sehen kannst.
Hier im dunklen Wald ist es nachts sehr finster, also nimm dich in Acht. Es gibt viele Nadelbäume und dadurch viele Wurzeln und Baumstümpfe, über die du stolpern könntest. Ich habe hier viele Freundinnen und Freunde, mit denen ich tagsüber viel Spaß beim Spielen habe. Es gibt zwei Rehe, die richtig schnell laufen können. Sie essen liebend gern Nüsse, deshalb gibt es oft Ärger mit der Eichhörnchenfamilie. Denn die Eichhörnchenmama sammelt für ihre ganze Familie immer fleißig die Nüsse, damit ihre drei Kinder und der Papa nicht verhungern. Es gibt auch viele Beeren: rote, orange und lila. Die vielen kleinen Vögel essen sie sehr gern und diese Beeren müssen auch oft von den Schülerinnen und Schülern der Zauberschule für die geheimen Zaubertränke gesammelt werden. Ich werde euch mal eine super Stelle hier im Wald zeigen, wo ihr immer genügend Beeren finden könnt. Da fällt mir ein: Da kann ich euch bestimmt meinen Bruder Fred vorstellen. Der isst liebend gern die lila Beeren. Ich muss sagen, ich habe die roten lieber. Aber das ist ja eigentlich auch gut, dann müssen wir uns nicht streiten. Wie sieht es bei den Freunden Lilly und Mo aus? Streitet ihr euch oft?
Ach ja, und dann gibt es noch die weise Eule, die hätte ich jetzt beinahe vergessen. Sie isst gerne Regenwürmer. Iiieh!! Aber das kann sie euch ja auch selbst erzählen. Von ihr bekommt ihr sicher auch noch einiges über den Wald erzählt.

Amalia, die Eule

Hallo ihr Lieben, ich bin es, die Eule Amalia. Von mir bekommt ihr super Informationen, denn ich kann alles aus der Luft sehen. Stell dir vor, du stehst vor der Zauberschule. Auf dem Platz vor der Schule befindet sich rechts ein kleiner Hügel aus Steinen, auf dem sitzen manche Schüler und Schülerinnen gern und genießen in der Pause die Sonne. Vor dem Eingang der Zauberschule, neben der Haupttür, befinden sich zwei große Laternen, die in der Nacht die Schule für große und kleine Zauber beleuchten. Hinter dem Hauptgebäude auf der rechten Seite befindet sich ein Garten für Kräuter und Gemüse. Hier müssen die Kinder am Nachmittag im Unterricht oft arbeiten oder auch mal Pflanzen abzeichnen und benennen. Die Schüler und Schülerinnen der Zauberschule müssen sich ja mit den Kräutern gut auskennen, damit sie nichts Falsches in ihre selbst gebrauten Zaubertränke geben.
Außerdem ist es auch wichtig, dass die Kinder Sport in der Schule machen können. Sie trainieren meistens draußen im Freien, denn dazu gehört auch, dass sie das Fliegen mit dem Besen üben. Ach, da fällt mir ein, dass bei der letzten Flugstunde ein Schüler über dem See der Zauberschule fast von seinem Besen gefallen wäre.
Aber nun zurück zum Sport: Die Zauberschule hat ein eigenes Sportstadion, das sich links hinter den Mauern der Zauberschule am Rand des Waldes befindet. Es ist ein riesiges Gebäude aus Stein und in der Mitte des Stadions befindet sich eine große, grüne Wiese. Zwischen dem Stadion und der Zauberschule befindet sich das Haus des Wächters der goldenen Schlüssel. Er passt auf alle auf und ist für alles Mögliche verantwortlich.

Zum Beispiel muss er sich darum kümmern, dass alle Lichter im großen Haus der Zauberschule drinnen und auch draußen funktionieren. Außerdem vertrauen sich viele Schüler und Schülerinnen ihm an, wenn sie Sorgen oder Probleme haben.
So, und nun zum See, der zu der Schule gehört: Ehrlich gesagt, weiß ich nicht, was sich darin alles befindet. Man munkelt, dass dort ein großes Ungeheuer lebt. Er befindet sich ebenfalls, wie die anderen Orte, die ich euch erklärt habe, hinter dem

Kräutergarten der Zauberschule. Jetzt fällt mir glatt nicht mehr ein, wie die Kinder den See nennen, aber das kann euch bestimmt die Kröte Henriette sagen. Die kennt hier alle Namen von den vielen Wegen hinter der Zauberschule.

Henriette, die Kröte

Hallo, ich bin die alte Kröte namens Henriette und kann euch die Namen aller Wege auf dem Gelände der Zauberschule sagen. Lasst mich mal überlegen, wo wir am besten anfangen. Hm ... Also, beginnen wir auf dem Platz vor der Zauberschule und gehen dann immer weiter, bis wir an den Rand des Waldes kommen. Der Platz vor der Zauberschule ist ein sehr besonderer Ort und es gibt viele Geschichten zu diesem Platz. Anscheinend sollen sich hier einmal vor langer, langer Zeit zwei Zauberschüler ein Riesen-Duell mit ihren Zauberstäben geliefert haben. Da ging es richtig hin und her und man hat irgendwann nur noch Blitze gesehen, bis der große Magier dazwischengegangen ist und den Streit mit einem Zauberspruch beendet hat. Beide Schüler hatten danach eine lange Zeit Zauberverbot und mussten zur Strafe im Kräutergarten schuften. Deshalb wird der Platz wohl Magierplatz genannt, denn der große Magier hat hier das Sagen. So, nun stell dir vor, wir gehen einmal durch die Zauberschule hindurch und kommen auf der Rückseite wieder heraus. Wenn du nun nach rechts gehst und der Hexengasse folgst, kommst du zum Kräutergarten. Der Weg von dem Hintereingang der Zauberschule bis zum Rande des Waldes heißt übrigens Zaubergasse. Hier stehen am Wegesrand große, alte Bäume.

Hinter dem Kräutergarten weißt du, dass sich der See der Zauberschule befindet. Er heißt Dunkelsee, denn das Wasser ist tiefblau und man kann nicht bis auf den Boden sehen. Wer weiß, was sich darin alles befindet. Du gelangst über die Zaubergasse zum See oder du gehst durch den Kräutergarten und dann über einen kleinen Weg, den Fuchspass, zum See. Hier kann es sein, dass du öfter Freddy und seinen Bruder Fred antriffst, denn die halten sich hier sehr gern mal auf und erschrecken die Kinder. Zur Bärenhöhle, dem Haus des Wächters der goldenen Schlüssel, kommst du, wenn du von der Hintertür der Zauberschule gleich links in die Sternengasse biegst. Dann siehst du die Höhle bald auf der rechten Seite des Weges.

So, jetzt lasst mich mal kurz überlegen, welchen Wegnamen ich euch noch nicht verraten habe. Wisst ihr, ich bin ja schon ziemlich alt und da muss ich manchmal etwas länger überlegen. Also, ach so, ja klar, den Weg zum Sportstadion muss ich euch noch erklären. Jetzt passt gut auf, denn es gibt zwei Möglichkeiten, zum Sportstadion zu kommen. Du kannst beim Wächter der goldenen Schlüssel die Sternengasse bis zum Ende gehen und dann rechts in die Finstergasse abbiegen. Dann siehst du das Stadion schon bald. Aber du gelangst auch über die Zaubergasse dorthin. Du gehst diese bis fast an das Ende. Kurz bevor der Wald beginnt, biegst du links in den Eulenweg ab und gelangst direkt zum Eingang des Sportstadions.

Jetzt stellt sich natürlich noch die Frage, wie der Weg heißt, der zur Zauberschule hinführt, also auf dem Magierplatz endet. Dieser Weg heißt Besengasse, denn viele Schüler und Schülerinnen fliegen gern zur Zauberschule, damit sie nicht so lang zu Fuß laufen müssen.

QR-Codes – Die Umgebung der Zauberschule

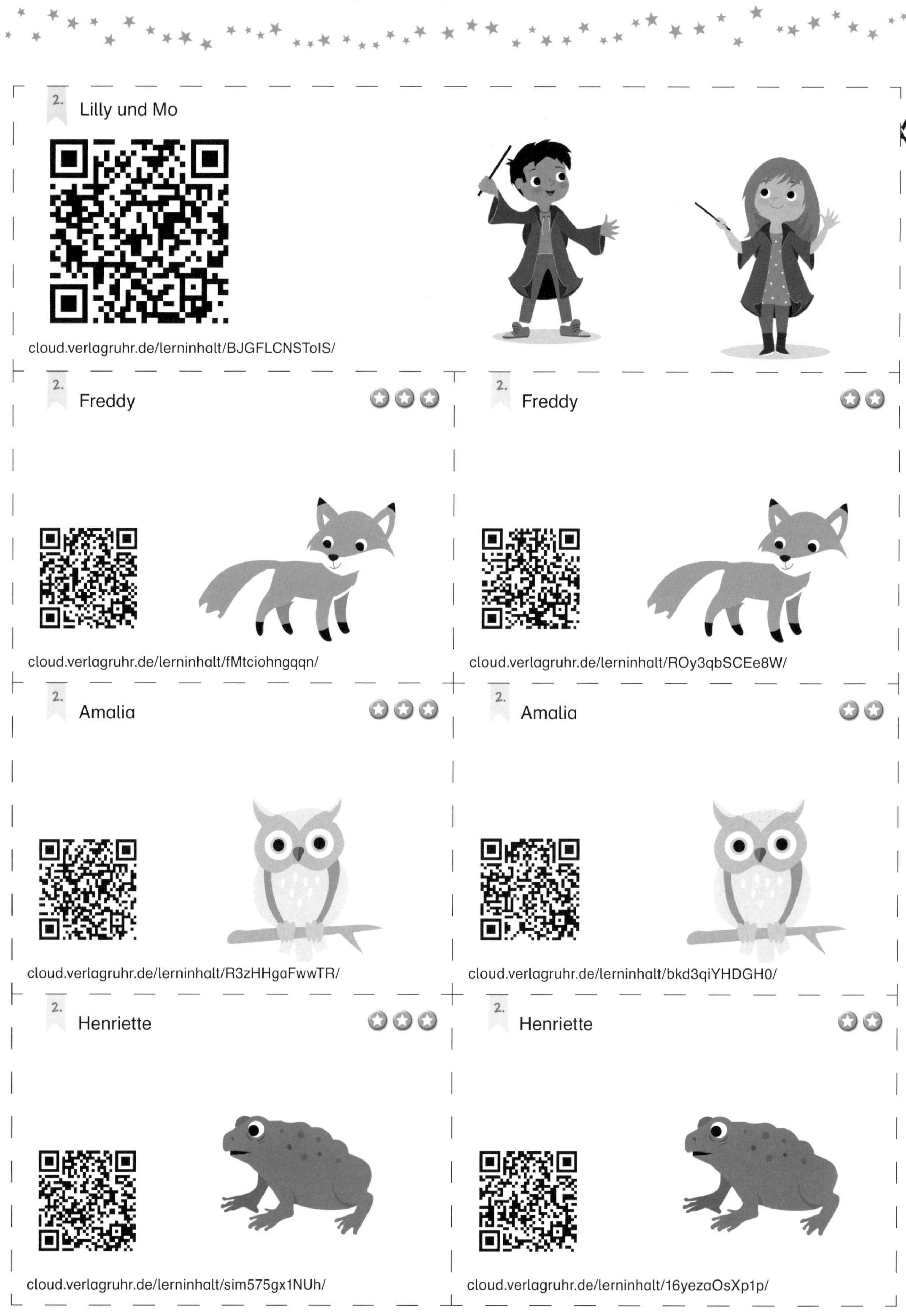

Tiere und Orte um die Zauberschule

1. Hast du dem Fuchs Freddy gut zugehört?

– Welche und wie viele Tiere leben im Wald?

– Was fressen sie gern?

– Fülle die Tabelle aus.

Anzahl	Tier	Futter

2. Zeichne alle Orte und Dinge ein, die dir die Eule Amalia nennt. Du siehst den Umriss der Zauberschule schon von oben.

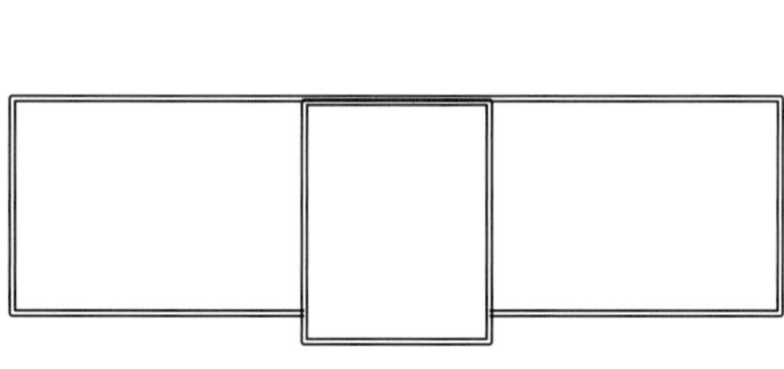

Namen und Wege auf dem Gelände

Du siehst die Zauberschule und das Gelände von oben.
Ergänze alle Namen, die dir die Kröte Henriette nennt.

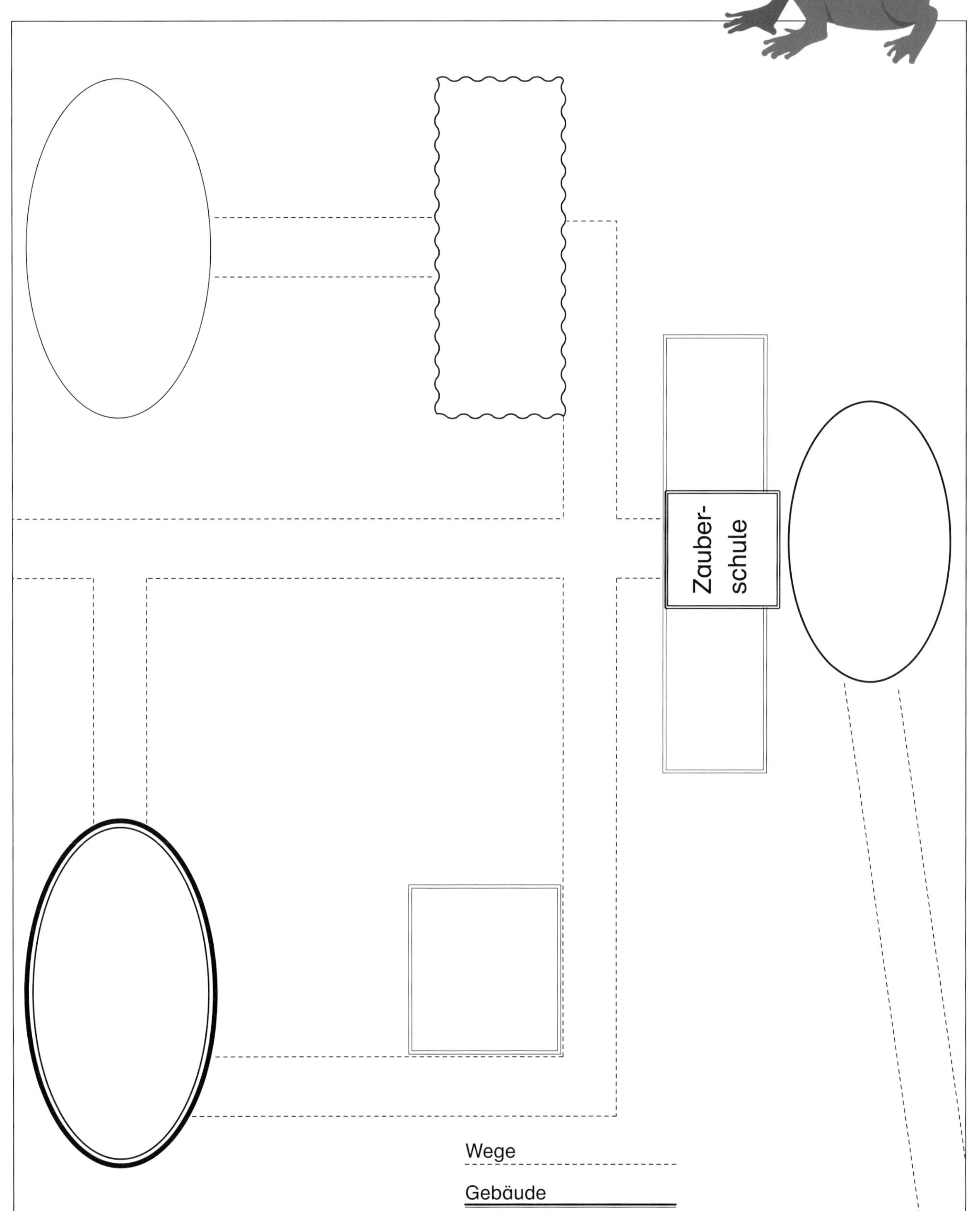

3. Das Erdgeschoss der Zauberschule

Material:

- evtl. Zaubermusik
- QR-Codes (S. 19), auseinandergeschnitten
- Kopiervorlagen (S. 20–23)

In der dritten Stunde erkunden die Kinder durch das Scannen von QR-Codes und das Anhören der Hördateien das Erdgeschoss der Zauberschule.

Stundenverlauf:

Lassen Sie die Kinder sich in die Welt der Zauberschule einfinden. Hören Sie ggf. Zaubermusik oder beginnen Sie die Stunde mit einem Zauberspruch. Alternativ oder zusätzlich können Sie die Stunde auch mit einem stummen Impuls starten, indem Sie die Zauberschule und die beiden Hauptfiguren an der Tafel zeigen.
Fragen Sie die Kinder, an welche Tiere aus der letzten Stunde sie sich erinnern können.
Hören Sie gemeinsam im Plenum den Einleitungstext an und lassen Sie die Kinder sich frei äußern, was sie alles entdecken und wen sie kennenlernen könnten.

Erklären Sie anschließend den Ablauf:

1. Wir scannen den QR-Code (Start mit dem Wächter der goldenen Schlüssel).
2. Wir hören genau zu.
3. Wir erledigen die Aufgabe.

Die Aufgaben sind sowohl in Einzel- als auch Partnerarbeit möglich. Achten Sie darauf, dass die Kinder im Falle von Partnerarbeit in leistungshomogene Gruppen eingeteilt werden. Verteilen Sie entsprechend die QR-Codes zu den schweren oder leichten Hörversionen.

Schnelle Schüler*innen können noch die Sternchenaufgabe lösen.

Besprechen Sie am Ende der Stunde gemeinsam die Ergebnisse. Lassen Sie die Kinder Vermutungen anstellen, welche Räume es in der Zauberschule noch geben könnte.

3. Hörtexte

Lilly und Mo (Einleitung)

Hallo ihr Lieben, wir sind es, die Freunde Lilly und Mo. Könnt ihr euch noch an uns erinnern?

Wir haben heute unseren ersten Schultag in der Zauberschule für große und kleine Zauber und sind schon ziemlich aufgeregt, weil wir uns in der Schule ja noch gar nicht auskennen.

Bestimmt seid ihr auch schon gespannt, was man in der Zauberschule alles entdecken kann und wie groß sie ist, denn von außen kann man das gar nicht so richtig erkennen. So, aber jetzt müssen wir los, denn der Wächter der goldenen Schlüssel wartet schon auf uns.

Der Wächter der goldenen Schlüssel

Hallo! Auf euch habe ich ja schon gewartet. Ich bin der Wächter der goldenen Schlüssel und kann euch jeden Raum der geheimnisvollen Zauberschule zeigen, denn ich habe alle Schlüssel. Heute werde ich euch erst einmal die wichtigsten Räume im Erdgeschoss zeigen, denn alle Zimmer können wir uns heute nicht ansehen, das würde viel zu lange dauern. Ihr seht die große Eingangstür. Dieser Teil des Gebäudes ist der Mittelteil. Es gibt noch einen linken Flügel der Zauberschule und einen rechten Flügel. Aber lasst uns nun endlich in die Schule reingehen, ihr seid ja bestimmt schon sehr nervös.

Herzlich willkommen in unserer Schule! Wir befinden uns hier in der großen, naja, eher riesigen Eingangshalle im Mittelteil der Schule. Bei Feierlichkeiten, wie beim Schulfest oder Weihnachten, wird hier alles wunderschön geschmückt. Wenn du hier gleich rechts durch die Tür gehst, kommst du in den rechten Flügel der Zauberschule. Gehst du links durch die Tür, kommst du natürlich in den linken Flügel unserer Schule. Gegenüber von der Eingangstür, auf der anderen Seite des Raumes, befindet sich die vierte Tür in der großen Halle. Da kommt ihr an der Rückseite der Zauberschule heraus. Da kennst du dich ja schon bestens aus.

Rechts neben der Tür zum linken Flügel befindet sich ein langer, schmaler Raum. Das ist die Besenkammer. Hier könnt ihr immer eure Besen sicher abstellen, denn ich sperre hier immer zu. Ihr solltet zuvor aber euren Namen eingravieren, damit der Besen nicht verwechselt wird. Aber das werden euch die Lehrer und Lehrerinnen schon noch sagen. So, das war die große Eingangshalle. Lasst uns nun durch die rechte Tür in den rechten Flügel der Zauberschule gehen.

In diesem Teil der Zauberschule befinden sich entlang des langen Ganges links und rechts viele Unterrichtsräume. Auf der rechten Seite befinden sich insgesamt drei Räume und auf der linken Seite – puh, jetzt warte mal, jetzt muss ich glatt mal überlegen – also, ach ja, es sind fünf, nein, stopp, sechs Räume. Ja genau! Entschuldigt bitte das Durcheinander. Ich bin heute etwas müde. Ich habe eine schlechte Nacht hinter mir.

Beginnen wir auf der rechten Seite. In der Mitte gibt es einen großen Raum, in dem Matten ausgelegt sind, denn hier drinnen wird das Verteidigen geübt. Das ist also der Verteidigungsraum.

Hinter diesem Raum befindet sich eine kleine Teeküche für die Lehrkräfte. Hier können sich nur die Lehrer und Lehrerinnen einen Tee oder einen Kaffee machen, bevor es mit dem Unterricht weitergeht, und ein bisschen durchschnaufen. Manchmal kannst du mich hier auch finden, denn es gibt sehr gemütliche Sessel und man bekommt den neuesten Klatsch und Tratsch aus der Schule mit.

Der erste Raum nach der Tür auf der rechten Seite ist ein kleines Labor für die Aufbewahrung von wichtigen und guten Zaubertränken.

Auf der linken Seite des Ganges befinden sich also sechs Räume. Die ersten beiden Räume sind Umkleidekabinen, einmal für die Mädchen und einmal für die Jungen der Zauberschule. Die Umkleidekabine von den Mädchen kommt als Erstes und liegt direkt gegenüber von dem kleinen Labor. Es gibt in dem Raum noch mal einen kleinen Raum und das ist die Toilette.

Nebenan befindet sich dann gleich der Umkleideraum für die Jungs, ebenfalls mit einem kleinen extra Raum, indem sich auch eine Toilette befindet. Hier drinnen ziehen sich die Zauberschüler für den Verteidigungsunterricht um.

Das größte Zimmer auf dieser Seite ist ein Klassenzimmer, indem die Kinder Unterricht zur Zauberkräuterkunde bekommen. Deshalb wird dieses Zimmer Kräuterzimmer genannt.

Dahinter befindet sich dann gleich der sogenannte Trockenraum, denn hier werden alle Kräuter usw. getrocknet, damit man sie dann für die Zaubertränke verwenden kann.

Ach, schaut mal! Da kommt unser Direktor der Schule, Professor Quizzle. Er zeigt euch den linken Flügel der Schule, denn ich muss jetzt zurück zu meinem Haus und die Eule Amalia füttern.
Tschüss, ihr Lieben!

Professor Quizzle

Hallo ihr Lieben! Ich freue mich sehr, euch an unserer Schule für große und kleine Zauber zu begrüßen.

Nun lasst uns in den linken Flügel der Zauberschule gehen und ich zeige euch, welche Räume sich dort befinden. So, beginnen wir auf der rechten Seite des Ganges. Hier kannst du vier Zimmer zählen.

Der zweite Raum ist der größte und ein Klassenzimmer, in dem die Kinder in Eulenkunde unterrichtet werden. Deshalb heißt er Amalia. Unsere Eule Amalia kennst du ja schon.

Das Zimmer davor, also das erste von der Tür aus, ist ein Materialraum. Hier befinden sich viele alte Karten, Bücher und vieles mehr – alles über Eulen. Kannst du dir das vorstellen? So, nun aber weiter. Im Zimmer neben dem Klassenzimmer befindet sich die kleine Bibliothek. Hier kannst du ganz viele Bücher über die Geschichte der Zauberei finden und lesen.

Im letzten Zimmer auf dieser Seite befindet sich ein sehr gemütlicher Raum für die Schülerinnen und Schüler, nämlich der Leseraum. Hier kannst du herkommen, wenn du in Ruhe eines der alten Bücher lesen möchtest.

Auf der linken Seite des Ganges befinden sich nur zwei Zimmer. Das größte befindet sich am Ende des Ganges und ist das Zimmer der Zauberkunst. Jetzt kannst du dir auch denken, wieso die kleine Bibliothek direkt gegenüber liegt. Hier lernen die Zauberschülerinnen und Zauberschüler, mit ihren Zauberstäben umzugehen, und üben, damit die verrücktesten Sachen zu zaubern. Ich sag's euch, da gibt es die lustigsten Geschichten. Aber die erzähle ich euch mal an einem anderen Tag.

Der Raum davor ist die Zauberwerkstatt. Hier putzen und reparieren die Schülerinnen und Schüler ihre Zauberstäbe.

So, ich glaube, das war für heute jetzt erst mal genug. Ach, schaut mal! Da kommt Hermine angesaust. Sie kann euch die Zeichen für die wichtigsten Räume noch erklären, dann könnt ihr alles besser erkennen. Und sie zeigt euch noch den Schlafsaal. Tschüss, bis später!

Hermine

Hallo, ich bin Hermine und schon etwas länger in der Zauberschule. Mir gefällt es hier richtig gut und ich liebe es, hier zur Schule zu gehen. Wenn du eine Frage hast, kannst du jederzeit zu mir kommen.

So, der Wächter der goldenen Schlüssel hat euch ja schon das Erdgeschoss gezeigt. Für die wichtigsten Räume werde ich euch jetzt noch die Schilder erklären. Diese hängen an den Türen der einzelnen Räume und sind rund.

Also, das kleine Labor erkennt ihr an dem Schild mit den blubbernden Gläsern und der Schutzbrille. Das Schild mit dem Lesewurm und dem Buch ist ja klar, das steht für die kleine Bibliothek.

Das Zimmer der Zauberkunst erkennt ihr an dem Zauberstab und den sechs Sternen in der Mitte darüber. Das Klassenzimmer für die Eulenkunde erkennt ihr an dem Schild mit einer Eule drauf und einem Halbmond, denn Eulen sind ja sehr nachtaktive Tiere. Aber ich verrate euch jetzt nicht zu viel, das lernt ihr dann alles noch im Unterricht.

Ach so, dann, ganz wichtig, die Teeküche für die Lehrer. Für uns Schülerinnen und Schüler ist die tabu, da darf niemand rein. An der Tür hängt ein Schild mit einer Teetasse drauf. Außerdem ist eine Teedose zu sehen.

So, zum Schluss erkläre ich euch noch das Schild für das Kräuterzimmer und danach reicht es dann erst mal. Eure Köpfe rauchen ja schon. Nicht, dass ihr alles gleich wieder vergesst.

Also, auf dem Schild für das Kräuterzimmer sind ein Blatt und Beeren zu sehen.

Jetzt wisst ihr erst mal ein paar Dinge. Nun lasst uns zum Abendessen gehen. Da lernt ihr auch die anderen Zauberschülerinnen und Zauberschüler kennen.

QR-Codes – Das Erdgeschoss der Zauberschule

Erdgeschoss: Der Mittelteil

Hier siehst du die Zauberschule von oben.
Beschrifte die Räume und Türen mit den richtigen Namen.

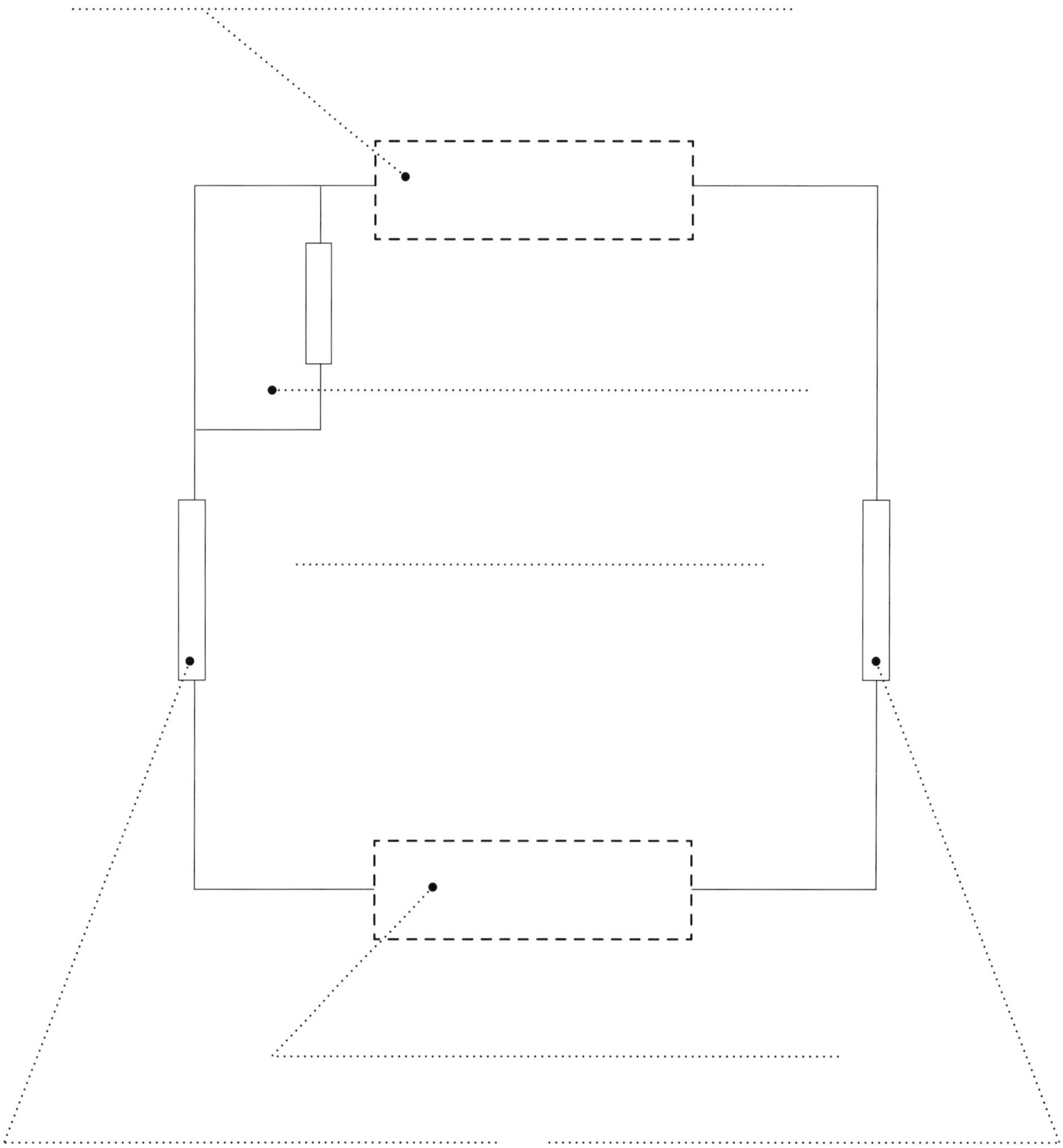

Erdgeschoss: Der rechte Flügel

Beschrifte die Räume mit den richtigen Namen.

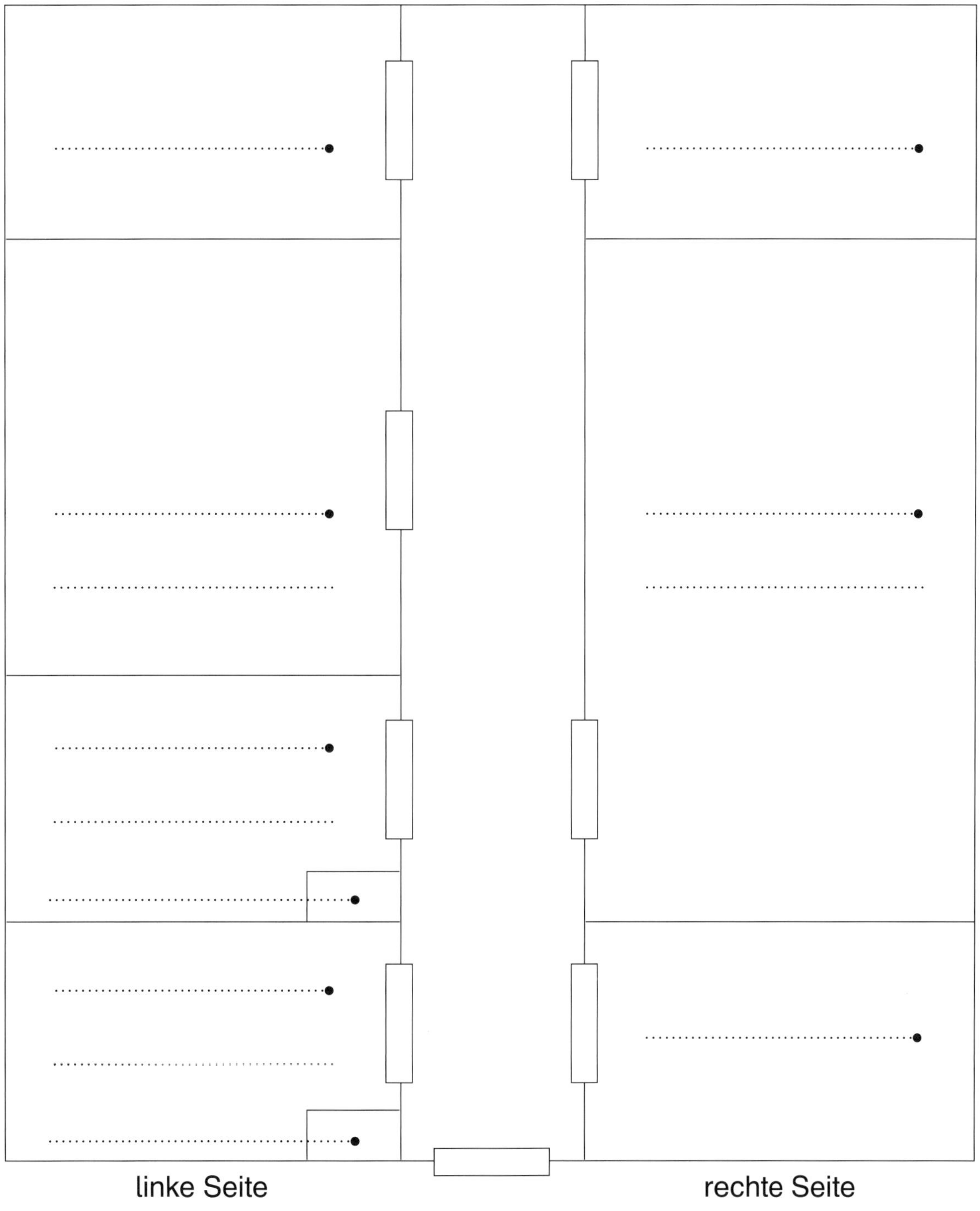

linke Seite

rechte Seite

Erdgeschoss: Der linke Flügel

Beschrifte die Räume mit den richtigen Namen.

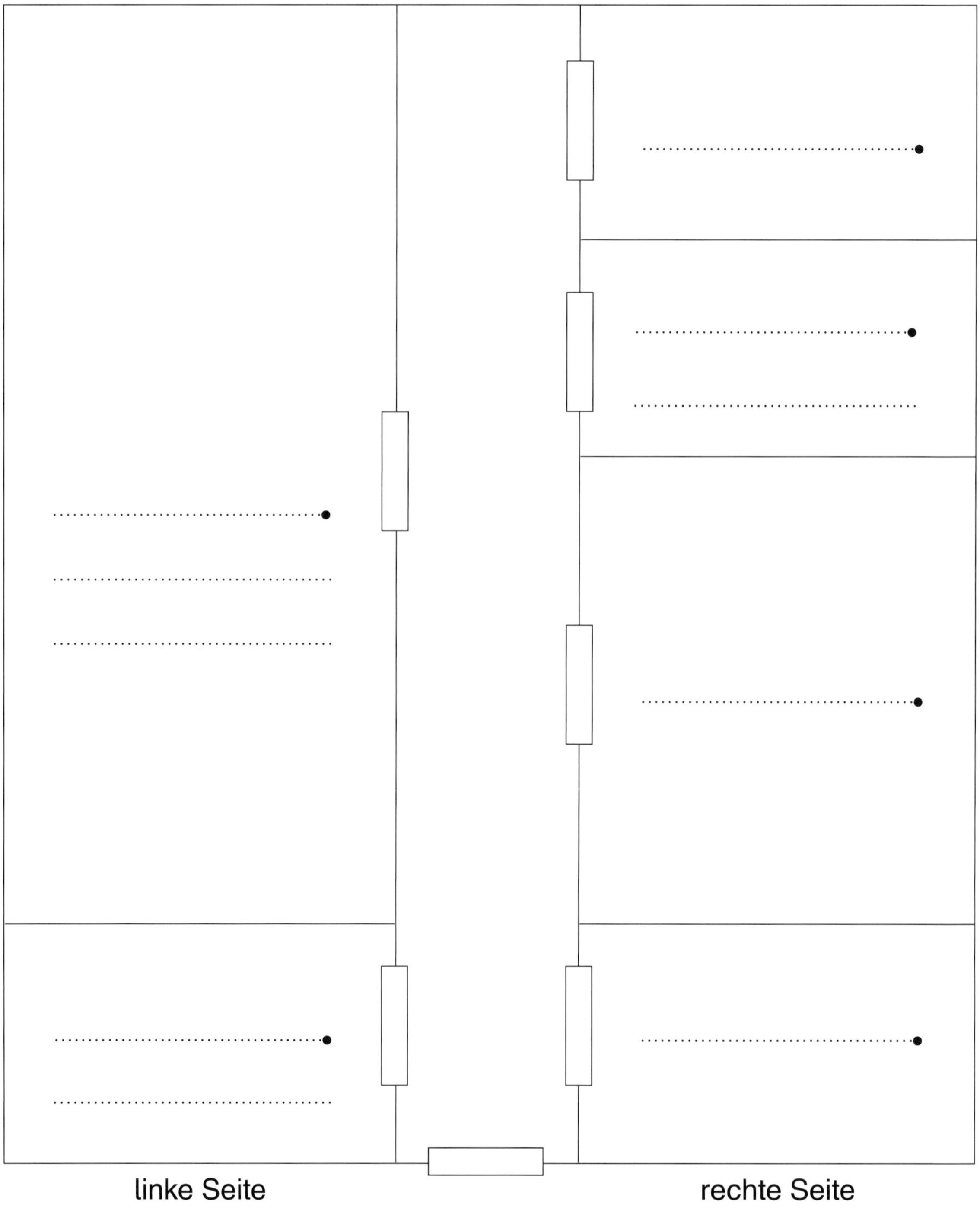

linke Seite

rechte Seite

Erdgeschoss

Verbinde den Namen des Raumes mit dem passenden Schild.

Teeküche

Kleines Labor

Kräuterzimmer

Amalia

Kleine Bibliothek

Zimmer der Zauberkunst

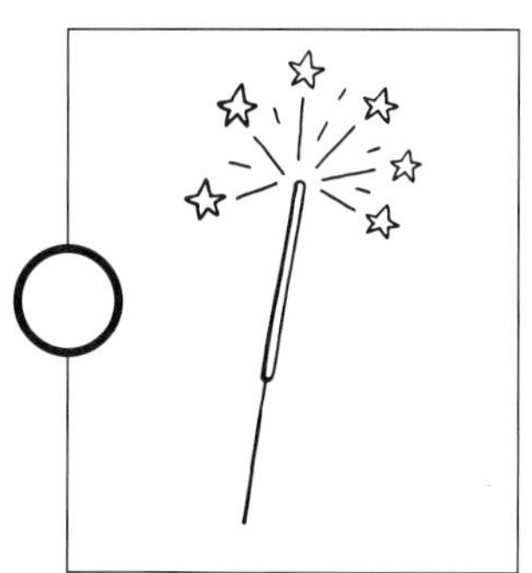

alle Strichzeichnungen: Anja Boretzki

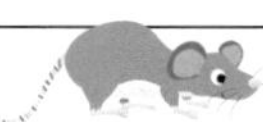

4. Der erste Stock der Zauberschule

Material:

- evtl. Zaubermusik
- QR-Codes (S. 27), auseinandergeschnitten
- Kopiervorlagen (S. 28–31)

In der vierten Stunde erkunden die Kinder durch das Scannen von QR-Codes und das Anhören der Dateien den ersten Stock der Zauberschule.

Stundenverlauf:

Lassen Sie die Kinder sich in die Welt der Zauberschule einfinden. Hören Sie ggf. Zaubermusik oder beginnen Sie die Stunde mit einem Zauberspruch. Alternativ oder zusätzlich können Sie die Stunde auch mit einem stummen Impuls starten, indem Sie die Zauberschule und die beiden Hauptfiguren an der Tafel zeigen. Fragen Sie die Kinder, an welche Räume sie sich aus der letzten Stunde erinnern können.

Hören Sie gemeinsam im Plenum den Einleitungstext an und lassen Sie die Kinder sich frei äußern, was sie alles entdecken und wen sie kennenlernen könnten.

Wiederholen Sie anschließend den Ablauf:

1. Wir scannen den QR-Code (Start mit Miss Natalia).
2. Wir hören genau zu.
3. Wir erledigen die Aufgabe.

Die Aufgaben sind sowohl in Einzel- als auch Partnerarbeit möglich. Achten Sie darauf, dass die Kinder im Falle von Partnerarbeit in leistungshomogene Gruppen eingeteilt werden. Verteilen Sie entsprechend die QR-Codes zu den schweren oder leichten Hörversionen.

Schnelle Schüler*innen können noch die Sternchenaufgabe lösen.

Besprechen Sie am Ende der Stunde gemeinsam die Ergebnisse. Lassen Sie die Kinder Vermutungen anstellen, was in der Zauberschule noch passieren könnte.

4. Hörtexte

Freddy, der Fuchs (Einleitung)

Hallo liebe Kinder, ich bin's, Freddy! Wie geht es euch? Ich hatte gestern so einen tollen Tag und habe ihn richtig genossen. Endlich konnte ich mal wieder ausschlafen und mit meinem Bruder leckere Beeren im Wald sammeln. Heute möchte ich euch ein paar meiner Waldfreunde vorstellen und ihr dürft den ersten Stock der Zauberschule erkunden.

Ach, schaut mal, da kommt Miss Natalia, das ist die Lehrerin des Wahrsagens. Bei ihr bekommt ihr bestimmt auch eure Zauberkugeln. Sie zeigt euch ein paar Räume. Viel Spaß!

Miss Natalia

Hallo, ihr Lieben! Ich habe schon gehört, dass wir dieses Jahr einen neuen Schüler und eine neue Schülerin an unserer Zauberschule begrüßen dürfen. Lilly, du siehst ja Hermine sehr ähnlich. Wenn ihr mich fragt, könntet ihr Geschwister, wenn nicht sogar Zwillinge sein. Hahaha!

So, aber nun los zu den Räumen. Wisst ihr, welcher Raum unter uns liegt? – Ja genau, Mo, es ist die riesige Eingangshalle. Und genau darüber befinden wir uns im großen Speisesaal. Ich sag's euch: Hier ist es manchmal ziemlich laut. Da muss man sich echt manchmal die Ohren zuhalten.

Wenn du dir jetzt vorstellst, du schaust von oben auf den Speisesaal wie ein Vogel, dann ist links die Treppe, die dich von der Eingangshalle hier hochführt. Unter der Treppe befindet sich die Besenkammer. Erinnerst du dich? Sozusagen vor der Treppe links befindet sich die Tür zum linken Flügel und auf der rechten Seite befindet sich die Tür zum rechten Flügel. Das sollte dir vom Erdgeschoss bekannt vorkommen, oder?

Oh, seht mal, da flitzt unsere Hausratte Alda vorbei, die hält sich gerne hier oben auf, denn hier findet sie oft noch etwas zu essen. Sonst könnt ihr sie mit Sicherheit in der Nähe der Küche auffinden, denn da kann sie von den Schülern und Schülerinnen, die beim Kochen helfen, oft einige Leckereien abstauben. Sie zeigt euch bestimmt die Räume des rechten Flügels. Tschüss ihr Lieben, ich muss jetzt wirklich los. Miss Hokus, eure Lehrerin für Zaubertrankkunde, wartet sicher schon auf mich. Wir sehen uns die nächsten Tage sicher im Unterricht.

Alda, die Ratte

Hallo ihr beiden, jetzt lerne ich euch auch endlich mal kennen. Ich habe schon viel von euch gehört. Meine Freunde Freddy, der Fuchs, und Fridolin, der Frosch, haben mir schon viel erzählt. Fridolin hat euch am Dunkelsee gesehen, als ihr die Umgebung der Zauberschule erkundet habt.

So, nun lasst uns aber durch die Tür in den rechten Flügel hier im ersten Stock gehen. Moment mal, wieso geht die Tür so schwer auf? Kommt, drückt auch mal mit und helft mir. Oh, das ist bestimmt unser Gespenst Kunibert, das mir wieder mal einen Streich spielen möchte. So, jetzt kommt, geht in den Flur. Ihr müsst keine Angst vor unserem Hausgespenst haben. Es ist ganz harmlos. Allerdings müsst ihr manchmal morgens aufpassen, denn zum Spaß bindet es gerne die Schnürsenkel von euren Schuhen zusammen. Hihihi …

Jetzt aber Schluss mit dem Gerede. Ich zeige euch die Räume. In diesem Teil der Zauberschule befinden sich die Schlafsäle der Mädchen und Jungen. Auf der rechten Seite kommt hier gleich der Schlafsaal der Mädchen und gegenüber findet ihr den der Jungen. Ab 21 Uhr muss es hier mucksmäuschenleise sein und morgens um 7 Uhr werden die Schüler und Schülerinnen meistens von Fräulein Glinda, der Lehrerin für die Kräuterkunde, geweckt, denn sie macht sich schon immer sehr früh ihren Kräutertee und ist somit meist die erste, die in der Zauberschule aufsteht. Hinter dem Schlafsaal der Jungen befindet sich ein Billardzimmer, indem oft gegeneinander gespielt wird. Aber man kann auch einfach nur zuschauen und seine Freunde und Freundinnen anfeuern.

Dahinter befindet sich dann noch eine kleine Toilette, falls du in der Nacht vielleicht mal sehr dringend musst. Auf der Seite des Flurs, wo die Mädchen schlafen, befindet sich noch ein sehr gemütliches Kaminzimmer, indem man lesen, etwas spielen oder einfach nur ratschen kann. Hier gibt es sehr gemütliche Sofas, Sessel und superbequeme Sitzsäcke. Die lieben die Zauberschüler und Zauberschülerinnen.

Schaut mal, da kommt Mister Higgins, euer Lehrer für Eulenkunde. Den habt ihr sicher schon kennengelernt, oder? Er kann euch sicher den linken Flügel noch zeigen. Ich muss jetzt los, bin mit den Rehen Leila und Pünktchen im Wald verabredet. Tschüssi!

Mister Higgins

Schön, euch zu treffen! Ich bin Mister Higgins und lehre euch alles, was ihr über Eulen wissen müsst. Unsere Eule Amalia habt ihr ja sicher schon kennengelernt. Sie ist so toll. Wenn ihr die Prüfungen im ersten und zweiten Jahr auf der Zauberschule gut besteht, bekommt ihr im dritten Jahr eine eigene Eule, die euch eure Post bringt und mit der ihr auch Post verschicken könnt.

Jetzt aber zu den Räumen im ersten Stock im linken Flügel der Zauberschule. Ich mag diesen Teil der Zauberschule besonders gern, denn es gibt viele alte Dinge und schöne Erinnerungen: Auf der rechten Seite des Flures findet ihr das Pokalzimmer. In diesem Zimmer sind alle Trophäen aufbewahrt, die die Schule jemals gewonnen hat. Vielleicht seid ihr ja in einer Sportart auch besonders gut und könnt für unsere Schule einen Pokal gewinnen. Hinter dem Pokalzimmer befindet sich die große, alte Bibliothek. In der könnt ihr so viele Zauberbücher finden, das könnt ihr euch gar nicht vorstellen. Durch die riesengroßen Fenster kommt viel Licht in die Bibliothek und viele Schülerinnen und Schüler arbeiten gern an den Tischen, die entlang der Fenster stehen, und schreiben Zaubersprüche ab oder recherchieren etwas für einen Vortrag. Wenn du möchtest, kannst du dir auch ein Buch ausleihen, dich in den Lesesaal setzen und dort dein Buch in einem gemütlichen Sessel lesen. Den Lesesaal findest du gleich gegenüber von der Bibliothek auf der anderen Seite des Flures. Gegenüber vom Pokalzimmer befindet sich die Höhle des Wahrsagens. Dort lernt ihr, wie man mit einer Zauberkugel richtig umgeht und wozu man sie einsetzen kann. Aber das erklärt euch alles Miss Natalia.

Ach, schaut mal, da kommt ja Hermine, die kann euch gleich noch die Schilder für die Räume erklären, dann könnt ihr euch vielleicht leichter erinnern, wo welcher Raum ist. Viel Spaß noch und bis bald!

Hermine

Hallo meine beiden Freunde! Ich zeige euch jetzt noch schnell die Schilder der Räume und dann müssen wir los zur Zaubertrankstunde. Ich denke, wir müssen bestimmt jetzt unseren ersten Zaubertrank allein brauen. Hoffentlich geht dabei nichts schief.

Also los. Ich denke, das Einfachste ist die große Bibliothek. Auf dem Schild siehst du ein Bücherregal mit vielen Büchern darin. Das kleine Lagerfeuer auf diesem Schild hier steht für das Kaminzimmer. Hier kann man es sich so richtig schön gemütlich machen und dem Feuer zuschauen. Die Schlafsäle könnt ihr folgendermaßen erkennen: Lilly, wir Mädchen haben zwei Sterne und einen Zauberstab auf unserem Schild. Die Jungs haben einen Mond und einen Zauberstab auf ihrem Schild. Das Schild für das Billardzimmer trägt die Aufschrift „Let's play“ und hat vier Kugeln drauf. Den Lesesaal erkennt ihr an dem gemütlichen Sessel und dem Buch. Und zu guter Letzt die Höhle des Wahrsagens. Die erkennt ihr an der Zauberkugel mit den Sternen außen rum. Das sollte es für heute gewesen sein. Jetzt lasst uns noch kurz einen Tee trinken gehen und dann ab zur Zaubertrankstunde. Ich bin schon sehr gespannt und ihr sicher auch.

QR-Codes – Der erste Stock der Zauberschule

Sternchen-Illustration: Anja Boretzki

Erster Stock: Der Mittelteil

Beschrifte die Räume und Türen mit den richtigen Namen.

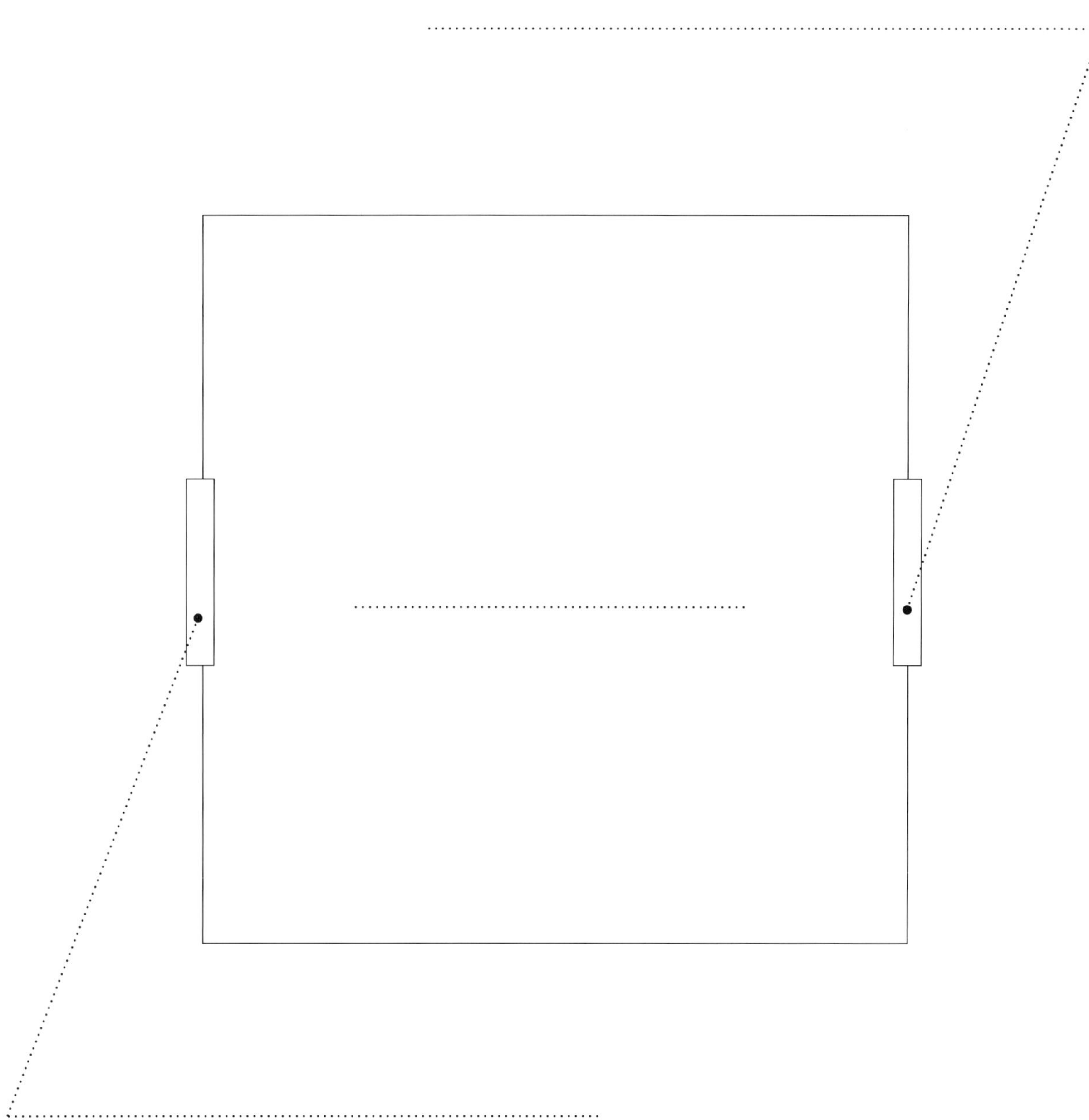

Erster Stock: Der rechte Flügel

Beschriftе die Räume mit den richtigen Namen.

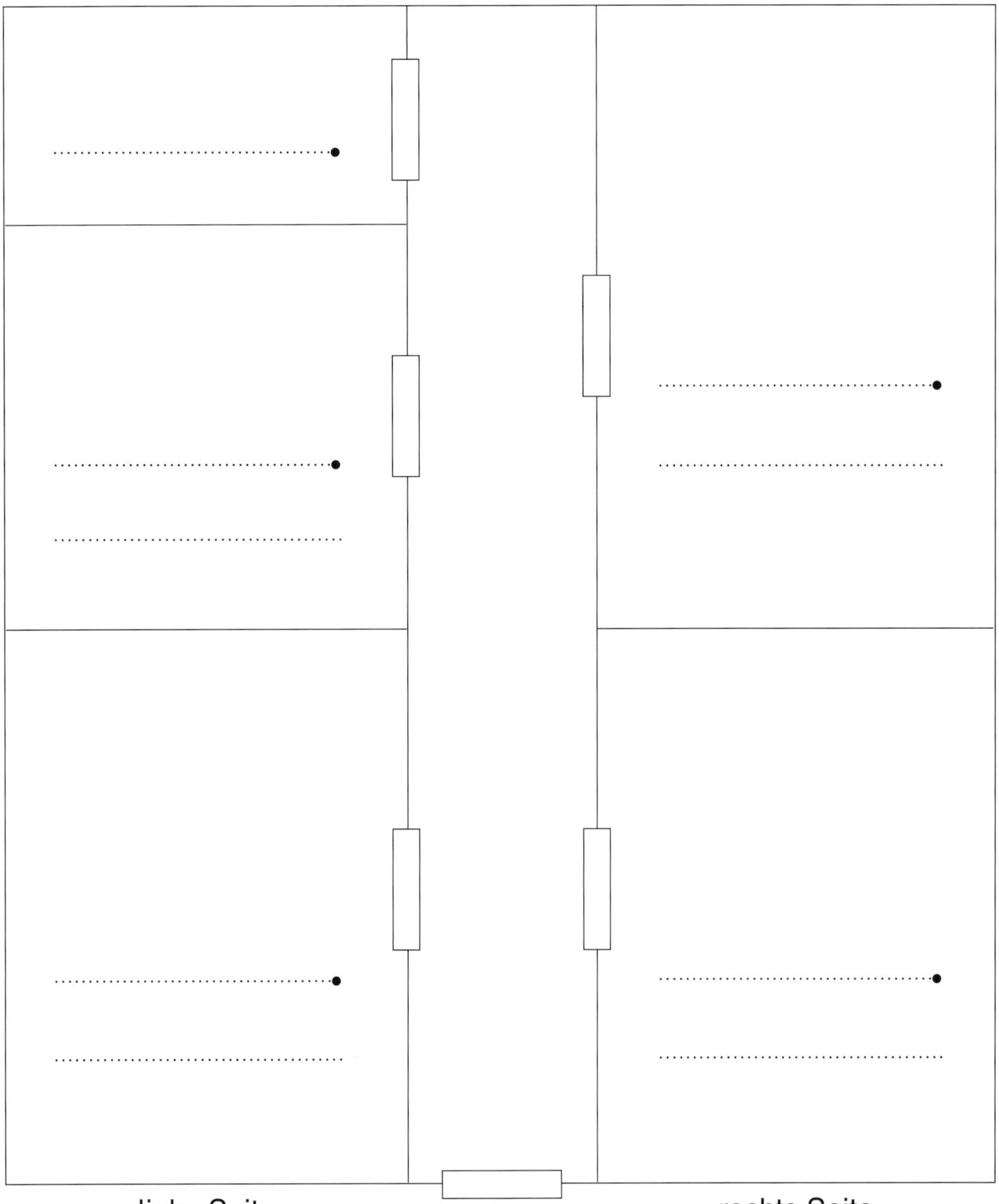

linke Seite

rechte Seite

Erster Stock: Der linke Flügel

Beschrifte die Räume mit den richtigen Namen.

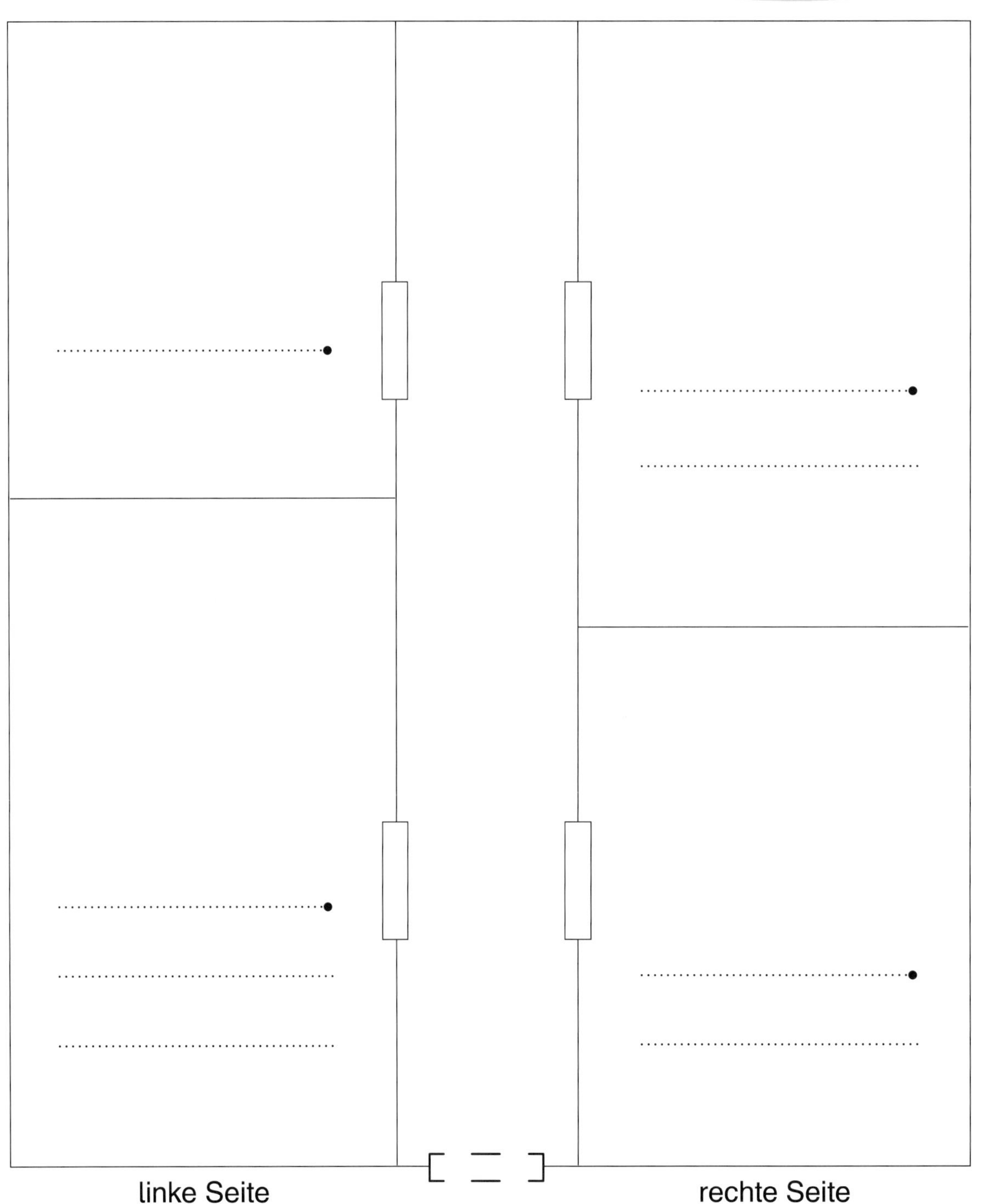

Erster Stock

Verbinde den Namen des Raumes mit dem passenden Schild.

Lesesaal

Schlafsaal Jungen

Schlafsaal Mädchen

Kaminzimmer

Billardzimmer

alte Bibliothek

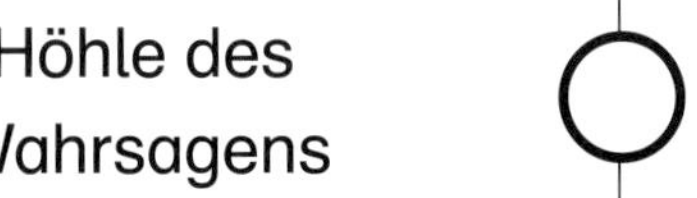

Höhle des Wahrsagens

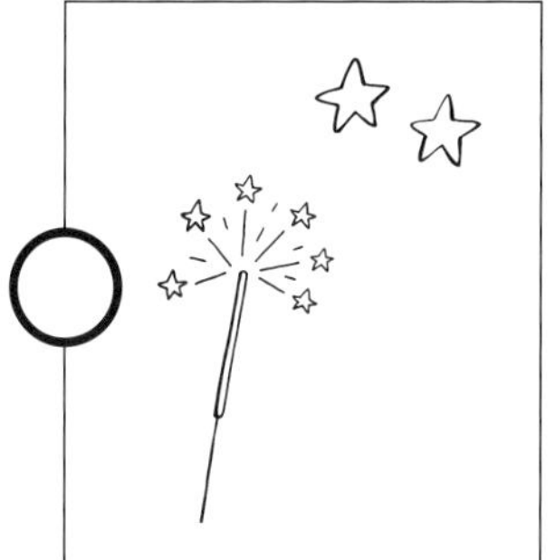

Bis auf Billardkugeln – alle Strichzeichnungen: Anja Boretzki

5. Der verschwundene Zauberstab

Nun kennen die Kinder die Umgebung sowie alle Räume der Zauberschule. Jetzt werden sie zu Detektiv*innen und helfen den beiden Hauptfiguren Lilly und Mo, den verschwundenen Zauberstab zu finden. Durch das Scannen von QR-Codes und das Anhören der Dateien kann die Klasse den Fall lösen.
Die Kinder können nur gemeinsam an das Ziel kommen, denn es wird in arbeitsteiliger Gruppenarbeit gearbeitet. Das bedeutet, dass nicht jedes Kind alle möglichen Täter*innen befragt bzw. anhört, sondern nur drei. Hierbei ist es sinnvoll, eine Kontrollgruppe zu haben. Falls eine Gruppe etwas falsch verstanden hat, kann die andere Gruppe helfen und richtigstellen.

Material:

- evtl. Zaubermusik
- QR-Codes (S. 41–43), auseinandergeschnitten
- Kopiervorlagen (S. 44–46)
- Figuren für die Tafel (S. 65–72 oder Download)

Beispiel:

- Gruppen 1 und 2 hören Hinweise 1–3
- Gruppen 3 und 4 hören Hinweise 4–6
- Gruppen 5 und 6 hören Hinweise 7–9
- Gruppen 7 und 8 hören Hinweise 10–12
- Gruppen 9 und 10 hören Hinweise 13–15

Stundenverlauf:

Lassen Sie die Kinder sich in die Welt der Zauberschule einfinden. Hören Sie ggf. Zaubermusik oder beginnen Sie die Stunde mit einem Zauberspruch. Alternativ oder zusätzlich können Sie die Stunde auch mit einem stummen Impuls starten, indem Sie die Zauberschule und die beiden Hauptfiguren an der Tafel zeigen. Fragen Sie die Kinder, an welche Räume sie sich aus den letzten Stunden erinnern können.

Hören Sie gemeinsam im Plenum den Einleitungstext an und lassen Sie die Kinder sich frei äußern, was sie alles entdecken und wen sie kennenlernen könnten. Lassen Sie sie ggf. auch (in Partnerarbeit) vermuten, wo der Zauberstab in der Zauberschule versteckt sein könnte. Mithilfe eines Hosentaschenzettels können die Kinder ihre Vermutung auf einem kleinen Zettel festhalten, der in der Hosentasche verschwindet und so am Ende schnell wiedergefunden wird.

Erklären Sie anschließend den Ablauf:

1. Wir scannen den QR-Code.
2. Wir hören genau zu.
3. Wir schreiben die passenden Schlüsselwörter auf (Person, Alibi, Verdächtige).
4. Wir streichen die Person mit dem Alibi durch.

Sagen Sie den einzelnen Gruppen, mit welcher tatverdächtigen Person sie starten. Alternativ können Sie das auch auf den jeweiligen Kopiervorlagen notieren. Verteilen Sie entsprechend die QR-Codes zu den schweren oder leichten Hörversionen.

Schnelle Schüler*innen können nach Bearbeitung der Aufgabe die Sternchenaufgabe lösen.

Nach Abschluss der Höraufgaben nennen die Kinder im Plenum ihre Ergebnisse. Lassen Sie sie die Figuren an der Tafel eine nach der anderen ausschließen, sodass am Ende der*die Täter*in übrig bleibt. Hören Sie abschließend den Text des Täters (Gespenst Kunibert) gemeinsam an. Die Kinder überprüfen ihre Vermutungen, indem sie den Hosentaschenzettel lesen.

5. Hörtexte

Lilly und Mo (Einleitung)

Hallo ihr Lieben, wir sind es, Lilly und Mo. Wir brauchen schon wieder eure Hilfe. Ich (Lilly) finde meinen Zauberstab nicht mehr, seit ich heute Morgen das Labor zwischen 8 und 9 Uhr verlassen habe, um noch mal ein paar wichtige Kräuter für meinen Zaubertrank zu holen. Ich habe schon überall danach gesucht. Ich brauche ihn dringend, um meinen Zaubertrank fertigzubrauen. Irgendwo in der Zauberschule muss er doch sein! Ihr kennt euch doch in der Zauberschule schon so gut aus und wisst, wo welcher Raum ist. Und ihr würdet mir doch bestimmt helfen, meinen Zauberstab wiederzufinden, oder? Mo ist fest davon überzeugt, dass mir jemand den Zauberstab gestohlen hat. Wer könnte das bloß gewesen sein? Wenn wir ihn bis heute Mittag nicht finden, wird mein Zaubertrank nicht rechtzeitig fertig und ich verpasse die Zaubertrank-Präsentation. Ich habe so Angst, dass ich von der Zauberschule gehen muss, wenn ich den Zaubertrank nicht rechtzeitig bei Miss Hokus abgebe, und das wäre unglaublich schade. Mir gefällt es hier doch so gut und ich habe schon viele neue tolle Freundinnen und Freunde gefunden. Bitte helft mir, den Täter oder die Täterin zu finden, der oder die meinen Zauberstab gestohlen hat!

Hinweis 1: Der Wächter der goldenen Schlüssel

Hallo liebe Kinder, ich bin es, der Wächter der goldenen Schlüssel. Ich habe die schreckliche Nachricht von Lilly schon gehört. Es ist ausgesprochen nett von euch, dass ihr Lilly und Mo bei der Suche des Zauberstabs behilflich seid. Die beiden Freunde haben mit euch die besten Helferinnen und Helfer gefunden, denn ihr kennt euch wirklich super in unserer Zauberschule aus. Lilly ist schon sehr traurig und hat Angst, dass sie die Zauberschule verlassen muss, wenn sie den Zaubertrank nicht rechtzeitig fertigbrauen kann. Also ist es sehr wichtig, dass ihr den Täter oder die Täterin schnell findet. Bei mir seid ihr jedoch leider an der falschen Adresse und ich habe auch gerade gar nicht viel Zeit, denn ich muss schleunigst wieder nach draußen zum Dunkelsee, den Handwerkern Werkzeug für den Steg bringen. Dort bin ich seit dem Morgengrauen, das sollte so circa um 6 Uhr gewesen sein. Ich unterstütze die Handwerker, wo ich nur kann, damit sie ihre Arbeit schnell beenden können. Ich helfe ihnen beim Brettertragen, beim Streichen des Steges oder ich bringe ihnen eben Werkzeug, das sie vergessen haben. Jetzt muss ich aber wirklich los, die Arbeiter warten sicher schon und wollen heute fertig werden, bevor es dunkel wird. Aber fragt doch mal unsere Eule Amalia, vielleicht ist sie mit dem Zauberstab weggeflogen oder kann euch einen Tipp geben, wer es gewesen sein könnte, denn sie hat ja aus der Luft einen perfekten Überblick über die Zauberschule. Tschüss, ihr Lieben, ich muss jetzt wirklich los! Viel Glück noch beim Suchen!

Hinweis 2: Amalia, die Eule

Was sagt ihr da? Der Zauberstab von Lilly ist weg? Da hat sie wohl nicht richtig aufgepasst. Die Lehrer und Lehrerinnen und besonders Professor Quizzle sagen euch so oft, dass ihr auf eure Zauberstäbe gut aufpassen müsst. Sie sind nur für euch bestimmt. Mensch, das darf doch nicht wahr sein, ihr müsst besser auf eure Sachen aufpassen! Und warum seid ihr jetzt bei mir? Ihr glaubt doch nicht wirklich, dass ich den Zauberstab gestohlen habe? Ich bewache doch die Zauberschule aus der Luft und beschütze sie von oben. Heute Morgen konnte ich dies allerdings nicht tun, denn da musste ich für Professor Quizzle einen wichtigen Brief an die Zauberbehörde bringen, also bin ich gleich ganz früh losgeflogen. Ich muss sagen, es war noch ziemlich kalt. So um 7 Uhr müsste das gewesen sein. Zurück war ich erst gegen 10 Uhr. Jetzt muss ich dann erst mal ein bisschen Sonne tanken, damit mir wieder richtig warm wird. Dieser Brief vom Professor scheint sehr wichtig gewesen zu sein, allerdings weiß ich nicht, worum es geht, das wollte er mir nicht verraten. Hoffentlich hat es nichts mit unserer geliebten Zauberschule zu tun.

Aber nun wieder zu euch, meine Lieben. Fragt mal unsere alte Kröte namens Henriette. Die ist schon ewig an unserer Zauberschule und kennt jede und jeden hier. Mir fällt gerade ein, dass ich sie heute Morgen gesehen habe, sie sah etwas komisch aus und war etwas merkwürdig. Vielleicht hat sie ja doch etwas mit dem Verschwinden des Zauberstabs zu tun. Lauft doch mal um die Zauberschule herum, dann findet ihr sie bestimmt. Am besten teilt ihr euch auf. Einer geht rechtsherum und der andere linksherum. Da findet ihr Henriette sicher schneller. Viel Glück!

Hinweis 3: Henriette, die Kröte

Quaaak, quaak! Wie geht es euch? Habt ihr heute Morgen ein leckeres Frühstück gehabt? Meine Krötengrütze war ausgezeichnet und ich habe viel zu viel gegessen, sodass ich mich kaum bewegen kann. Eigentlich hat mir die Eule Amalia aufgetragen, dass ich heute meinen Morgenspaziergang um die Zauberschule machen soll, weil sie auf einer wichtigen Mission für den Professor unterwegs ist. Aber ich glaube, ich bin keine große Hilfe gewesen, denn ich gehe so langsam, dass ich nicht einmal komplett um die Zauberschule herumgekommen bin. Ich werde nie wieder so viel Essen. Nun muss ich erst mal noch ein Nickerchen machen und dazu suche ich mir ein gemütliches Plätzchen. Oh je, entschuldigt mich, jetzt habe ich so viel geredet und ihr wolltet mir ja sicher etwas erzählen, oder? … Wie bitte, wir haben einen Dieb oder eine Diebin in der Zauberschule? Das kann doch wohl nicht wahr sein! Also ich bin zur Tatzeit auf meiner Morgenrunde gewesen. Hätte ich dabei bloß besser aufgepasst! Vielleicht wäre der Täter oder die Täterin dann direkt an mir vorbeigelaufen. Naja, aber ich bin euch hierbei leider keine große Hilfe, außer dass ich euch sagen kann, dass ich es nicht gewesen bin. Viel Erfolg euch noch! Ach, Moment, wartet! Ich glaube, ich kann euch vielleicht doch noch helfen. Heute Morgen so gegen 8 Uhr … oder war es doch schon 9 Uhr? Hmm … Ich denke, es ist eher 9 Uhr gewesen. Auf jeden Fall habe ich da unser Gespenst Kunibert mit den Schlüsseln klappern gehört. Das ist mir etwas merkwürdig vorgekommen, denn das ist doch schon sehr spät für unser liebes Nachtgespenst. Normalerweise schläft es schon, wenn die Zauberschule erwacht. Vielleicht hat Kunibert etwas mit dem Verschwinden des Zauberstabs von Lilly zu tun.

Bevor ihr nun weiter fleißig versucht, herauszufinden, wer den Zauberstab gestohlen hat, und wir Lilly hoffentlich schnell ihren Zauberstab wiedergeben können, findet doch erst mal mit der Sternchenaufgabe heraus, wo sich das Gespenst Kunibert gerade aufhält, damit wir wissen, wo wir es in der Zauberschule überhaupt suchen müssen. Gemeinsam hören wir uns dann an, was uns das Nachtgespenst zu seiner Verteidigung zu sagen hat.

Hinweis 4: Freddy, der Fuchs

Hallo liebe Kinder, ich bin es, Freddy, der Fuchs. Sagt mal, wisst ihr, was mit Lilly und Mo los ist? Die beiden laufen den ganzen Tag kreuz und quer über das Gelände der Zauberschule. Bestimmt suchen sie etwas, oder? – Ach, so ist das! Wer klaut denn bitte einen Zauberstab, das ist ja wirklich noch nie passiert. Aber hier in der Zauberschule erlebe ich mit euch ja sowieso die abenteuerlichsten Sachen. Ich muss sagen, dass ich es wirklich sehr nett von euch finde, dass ihr Lilly und Mo bei der Suche des Zauberstabs behilflich seid. Lilly ist bestimmt sehr traurig und unglaublich nervös, denn der Zauberstab ist für euch ja sehr wichtig. Ich habe den Zauberstab leider nicht gesehen und natürlich auch nicht gestohlen. Was soll ich denn damit? Ich kann damit ja gar nicht zaubern und schmecken tut das trockene Holz sicher auch nicht mehr. Igittigitt! Seit dem Sonnenaufgang heute früh, so gegen 6 Uhr, bin ich die ganze Zeit mit meinem Bruder Fred im Wald gewesen und wir haben wieder einmal die leckersten Beeren gesucht und gefunden. Sie haben wirklich vorzüglich geschmeckt. Hmm … so lecker! Schaut mal, wer da kommt! Professor Quizzle. Ich glaube, er hält Ausschau nach unserer fleißigen Eule Amalia. Vielleicht kann euch der Professor weiterhelfen. Ich bin raus aus der Sache und muss jetzt wirklich zurück in den Wald, denn dort warten die Rehe auf mich. Wir wollten noch ein Wettrennen machen. Viel Erfolg bei der Suche!

Hinweis 5:
Professor Quizzle

Wo ist denn bloß die Eule Amalia? Ich warte auf sie und eine sehr wichtige Antwort aus der Zauberbehörde. Habt ihr sie vielleicht gesehen? – Wo bleibt sie denn nur ... Na gut, ihr Lieben, was kann ich für euch tun? Ihr seid ja ganz außer Atem. Was sagt ihr da? In unserer Zauberschule wurde gestohlen? Seid ihr euch da sicher, Kinder? Meint ihr nicht, jemand hat sich da einen doofen Scherz erlaubt und den Zauberstab von Lilly einfach versteckt? Habt ihr denn schon überall in der Zauberschule gesucht oder es mit dem Such-Zauberspruch probiert? O.k., ihr wollt wissen, wo ich heute Morgen war? Also gut, ich war heute schon sehr früh in meinem Büro. Das sollte ungefähr um 5 Uhr gewesen sein. Ich habe einen sehr wichtigen Brief an die Zauberbehörde geschrieben, den Amalia dann gleich dort hingeflogen hat. Außerdem würde ich doch niemals einen Zauberstab von meinen Zauberschülerinnen und -schülern stehlen. Ich würde ihn wahrscheinlich einstecken und dann mit dem- oder derjenigen ein ernstes Wörtchen reden, aber stehlen ... nein, niemals. Ich habe ja selber meinen eigenen Zauberstab und der liegt gut aufgeräumt und sicher in meinem Büro. Trotzdem finde ich es gut, dass ihr jeden und jede aus der Zauberschule befragt, um den Diebstahl aufzuklären. Ich möchte nämlich nicht, dass ein Dieb oder eine Diebin mit uns hier lebt. Also bitte sagt mir sofort Bescheid, wenn ihr ihn oder sie gefunden habt. Fragt mal unsere Eichhörnchen aus dem Wald, die sammeln doch gerne Nüsse und kleine Stöckchen für ihren Essensvorrat. Vielleicht hat Lilly ihren Zauberstab ja draußen in der Nähe des Kräutergartens verloren und die Eichhörnchen haben den Zauberstab mit einem Stock verwechselt und mitgenommen.

Hinweis 6:
Fräulein Flauschig, die Eichhörnchenmama

Hallo! Wie geht es euch beiden? Ich sage euch: Die Haselnüsse vom Strauch bei eurem Kräutergarten hinter der Zauberschule schmecken vorzüglich. Auch meine Kinder lieben sie. Wisst ihr vielleicht, ob die jemand verzaubert hat? Aus dem Wald schmecken sie nämlich immer anders. Naja egal, ihr habt doch sicher ein Anliegen, oder? Denn ihr seid sicher nicht umsonst extra um diese Uhrzeit in den Wald gelaufen. Oder habt ihr wieder mal einen Spezialauftrag von eurer Kräuterhexe? Ups, ich meinte natürlich von Fräulein Glinda. – Wirklich? In der Zauberschule gibt es einen Diebstahl? Und ich dachte immer, dass an einem so magischen und verzauberten Ort keine schlimmen Dinge passieren. Da habe ich mich wohl getäuscht. Naja, aber ich bin ehrlich und kann euch hierbei leider keine große Hilfe sein. Ich wünsche euch weiterhin viel Erfolg bei der Suche. Stopp! Moment, wartet! Ich glaube, ich kann euch vielleicht doch noch helfen oder einen sehr guten Tipp geben. Heute Morgen so gegen 7 Uhr ... oder war es doch schon 8 Uhr? Hmm ... Ich denke, es ist eher 8 Uhr gewesen, denn ein paar eurer Schüler saßen noch im Speisesaal beim Frühstücken. Ich schwang mich gerade auf dem Weg zum Kräutergarten von Baum zu Baum, um für meine Kinder ein paar leckere Haselnüsse von eurem vielleicht verzauberten Strauch zu holen. Verratet das Versteck bloß den schnellen Rehen nicht, mit denen streiten wir uns sowieso schon immer um die Nüsse im Wald. Auf jeden Fall habe ich heute Morgen, als ich im Haselnussstrauch saß, das Gespenst Kunibert mit den Schlüsseln klappern hören. Es ist mir etwas merkwürdig vorgekommen, denn das ist doch schon sehr spät für das liebe Nachtgespenst. Normalerweise schläft es schon, wenn die Zauberschule erwacht, damit es niemand sieht. Vielleicht hat Kunibert etwas mit dem Verschwinden des Zauberstabs von Lilly zu tun.

Bevor ihr nun weiter fleißig versucht, herauszufinden, wer den Zauberstab gestohlen hat, und wir Lilly hoffentlich schnell ihren Zauberstab wiedergeben können, findet doch erst mal mit der Sternchenaufgabe heraus, wo sich das Gespenst Kunibert gerade aufhält, damit wir wissen, wo wir es in der Zauberschule überhaupt suchen müssen. Gemeinsam hören wir uns dann an, was uns das Nachtgespenst zu seiner Verteidigung zu sagen hat.

Hinweis 7: Hermine

Hi! Wie geht es euch? Wo wollt ihr denn hin? Wir haben doch gleich Eulenkunde bei Mister Higgins. Ich finde es allerdings sehr komisch, dass ich unsere Eule Amalia heute noch gar nicht gesehen habe und überhaupt ist heute irgendetwas komisch. Irgendwie habe ich ein merkwürdiges Gefühl. Geht es euch genauso? – Was erzählt ihr da? Meiner lieben Freundin Lilly wurde ihr Zauberstab geklaut? Also wartet mal, um 10.30 Uhr beginnt unsere Stunde, das heißt, wir haben noch 45 Minuten Zeit. Und in dieser Zeit bin ich euch gerne behilflich, den Täter oder die Täterin zu finden. Ihr habt doch bestimmt schon einige befragt und könnt mir sagen, wen wir schon ausschließen können, oder? Zeigt doch mal eure Liste. – Hmm ... O.k., ein paar fehlen uns wohl noch, aber mich könnt ihr gleich mal durchstreichen, denn ich musste heute nach dem Frühstück um 8 Uhr gleich in die Küche. Ich habe mit noch drei anderen Kindern aus der Klasse Küchendienst gehabt und wir mussten Kartoffeln für die Suppe heute Mittag schälen. In meinem Leben habe ich noch nie so viele Kartoffeln geschält, aber wir sind ja ziemlich viele Kinder und vor allem die Jungs haben mittags immer einen Bärenhunger. Also ich habe genug Zeuginnen und Zeugen. Mir fällt gerade ein, dass Lilly mir heute Morgen beim Frühstück erzählt hat, dass sie noch mal in den Kräutergarten muss, weil sie noch etwas Wichtiges für ihren Zaubertrank braucht. Da die Rehe öfter in letzter Zeit in unserem Kräutergarten etwas zu essen stehlen, haben wir doch einen durchsichtigen Zaun um den Garten gezaubert. Das bedeutet, Lilly hat ihren Zauberstab dort gebraucht, um den Kräutergarten zu betreten. Vielleicht haben die Rehe dort gewartet und ihr den Zauberstab aus der Jackentasche gestohlen, damit sie wieder zu den leckeren Kräutern können. Dann lasst uns die beiden Rehe Leila und Pünktchen mal suchen und fragen.

Hinweis 8: Leila und Pünktchen, die Rehe

Hallo ihr Lieben, habt ihr vielleicht Lust, mit Leila und mir ein Wettrennen zu machen? Wir warten hier an der Lichtung schon gefühlt eine Ewigkeit auf unseren Freund Freddy. Aber mit euch hätten wir mal echte Konkurrenten. Freddy ist nämlich superlangsam, das könnt ihr euch gar nicht vorstellen.
Oh, ihr wollt uns etwas Wichtiges fragen? Na, dann raus mit der Sprache! Wir hoffen, wir können euch helfen. – Das ist ja mal spannend! Also läuft hier irgendwo einfach so ein Dieb oder eine Diebin mit einem Zauberstab rum. O.k., und wenn ich euch jetzt richtig verstanden habe, sucht ihr den Täter oder die Täterin und braucht Tipps, wer es gewesen sein könnte, oder? Also lasst uns mal überlegen ... Uns könnt ihr schon mal von der Liste streichen, denn wir haben heute richtig lang geschlafen und sind erst sehr spät aufgestanden. So gegen 10 Uhr müsste das gewesen sein. Dann sind wir zuerst einmal gemütlich zum Dunkelsee spaziert, haben uns dort gewaschen, etwas getrunken und uns gegenseitig nass gespritzt. Das hat riesengroßen Spaß gemacht, das müssen wir unbedingt bald mal wieder machen. Aber was ist denn mit dem sprechenden Stein vor der Zauberschule? Der liegt da immer faul auf dem Magierplatz herum und hat nichts zu tun. Fragt den doch mal, vielleicht kann er euch mehr über den Täter oder die Täterin verraten oder euch einen guten Tipp geben. Der hat zumindest die große Eingangstür der Schule und die Besengasse, die zur Zauberschule führt, sehr gut im Blick. Also müsste er ja gesehen haben, ob eine fremde Person heute die Zauberschule betreten hat. Wir wünschen euch weiterhin viel Glück bei der Suche! Wir werden hier im Wald, wo wir uns gut auskennen, Ausschau nach dem Zauberstab von Lilly halten. Tschüss!

Hinweis 9: Sprechender Stein

Puuuh! Ihr Lieben, ich glaube heute in der Mittagssonne wird es hier auf dem Magierplatz wieder einmal sehr heiß und ich bekomme keinen Schatten ab. Ich sehe schon, da muss ich wieder ziemlich schwitzen. Was macht ihr denn eigentlich hier

draußen vor der Zauberschule? Habt ihr denn gar keinen Unterricht? Oder müsst ihr draußen mal wieder irgendein besonderes Kraut suchen? –
Was erzählt ihr da? Es wurde in der Zauberschule gestohlen? Das kann doch gar nicht möglich sein! Ich habe keine fremde Person in die Zauberschule hier durch die große Eingangstür hineingehen sehen. Es muss also jemand sein, der hier mit uns allen gemeinsam lebt und sich sehr gut in der Zauberschule auskennt, also jeden Gang und jede noch so kleine Ecke kennt. Lasst mich mal überlegen ... Also heute habe ich noch sehr wenige angetroffen und von den Tieren würde ich es auch keinem zutrauen. Moment mal, da fällt mir gerade ein: Heute Morgen, als ich langsam aus meinen Träumen erwacht bin, habe ich ein komisches Geräusch gehört und konnte es erst nicht richtig zuordnen. Ich habe mich gefragt, was es wohl sein mag. Ich überlegte und überlegte und als ich es noch mal hörte, wusste ich es plötzlich, denn es ist mir bekannt vorgekommen. Es waren die Schlüssel unseres Gespenstes Kunibert. Ihr könnt es nicht glauben? Ich bin mir aber sehr sicher und sonst könnt ihr auch noch die Schnecke Hildegard fragen, mit der habe ich mich nämlich kurz darauf unterhalten. Allerdings fanden wir es beide komisch, dass Kunibert zu so später Zeit noch wach war, denn für unser liebes Nachtgespenst ist diese Uhrzeit schon sehr ungewöhnlich. Normalerweise schläft es doch, wenn die Zauberschule erwacht, damit es niemand sieht. Vielleicht hat Kunibert ja etwas mit dem Verschwinden des Zauberstabs von Lilly zu tun. Mich könnt ihr auf jeden Fall von der Liste streichen. Ich kann mich ja nicht mal von meinem Platz hier wegbewegen.

Bevor ihr nun weiter fleißig versucht, herauszufinden, wer den Zauberstab gestohlen hat, und wir Lilly hoffentlich schnell ihren Zauberstab wiedergeben können, findet doch erst mal mit der Sternchenaufgabe heraus, wo sich das Gespenst Kunibert gerade aufhält, damit wir wissen, wo wir es in der Zauberschule überhaupt suchen müssen. Gemeinsam hören wir uns dann an, was uns das Nachtgespenst zu seiner Verteidigung zu sagen hat.

Hinweis 10: Sprechender Hut

Hallo, liebe Kinder, was ist denn mit euch heute los? Dauernd sehe ich euch sowie die Freunde Lilly und Mo die ganze Zeit durch die Zauberschule laufen, als ob ihr irgendetwas suchen würdet. Mich würde sehr interessieren, ob ich da richtigliege. Ich muss seit heute früh in der Eingangshalle sein und den Dienst von Professor Quizzle übernehmen, deshalb habe ich das ganze Geschehen der Zauberschule und euch Zauberschülerinnen und -schüler sehr gut im Blick. Also, nun raus mit der Sprache, was sucht ihr? – Oh nein, das ist ja schrecklich, was ihr da erzählt! Meint ihr wirklich, dass es an unserer tollen Zauberschule einen Dieb oder eine Diebin gibt? Das kann ich mir gar nicht vorstellen, wir sind doch eine große Familie und halten alle zusammen. Aber ich finde es toll, dass ihr Lilly helfen wollt, den Täter oder die Täterin zu finden. Ich sehe schon, ihr seid richtige Profis und habt euch schon eine Liste der möglichen Verdächtigen gemacht. Mich könnt ihr auf jeden Fall durchstreichen, denn ich habe, wie gesagt, den Dienst von Professor Quizzle ab heute Morgen übernommen und halte sozusagen Wache in der Eingangshalle, ob alles seine Richtigkeit hat und alle Schülerinnen und Schüler auch brav im Unterricht sind. Bei euch will ich heute mal eine Ausnahme machen. Befragt doch mal den schlauen Igel. Der hat sich wohl mit Hunderten von Blättern einen riesigen Haufen neben der Hintertür gebaut. Zumindest hat mir das heute Morgen der Wächter der goldenen Schlüssel erzählt. Er war schon etwas genervt, weil der Igel die Blätter und Äste über den ganzen Hinterhof geschleppt und wieder alles verteilt hat. Wenn Lilly ihren Zauberstab nun draußen vielleicht verloren hat, könnte der Igel ihn womöglich für einen Ast gehalten und ihn in seinen Blätterhaufen mit eingebaut haben.

Hinweis 11: Igelmama

Woher wusstet ihr denn, wo ihr mich finden könnt, liebe Kinder? Ich habe doch erst gestern Abend damit begonnen, mir einen neuen Blätterhaufen aufzubauen. Ach, der sprechende Hut hat es euch erzählt. Dem entgeht auch wirklich gar nichts.

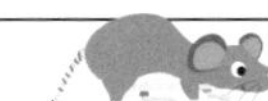

Aber was wollt ihr denn hier und wieso begutachtet ihr so genau meinen Blätterhaufen? Sucht ihr etwa irgendetwas? –
Was ihr nicht sagt! Ein Zauberstab wurde eurer Freundin gestohlen? Also ich habe hier keine Menschenseele gesehen und, wie gesagt, bin ich seit gestern Abend schwer damit beschäftigt, einen schönen Blätterhaufen zustandezubringen, damit meine Familie hier einziehen kann. Bei euch gibt es rund um den Kräutergarten auch immer gutes und leckeres Essen für uns Tiere. Gerne könnt ihr aber meinen Haufen nach dem Zauberstab durchsuchen, wenn ihr ihn danach wiederaufbaut. Na gut, ich sehe schon, ihr seid wohl in Zeitnot. Also los, ich helfe euch. – Puh, also das war jetzt aber ziemlich anstrengend und wie ich gesagt habe: kein Zauberstab. Dabei fällt mir ein, der Waldkauz Mathilda sitzt schon seit gestern Abend dort drüben auf dem großen, alten Baum. Ich fühle mich wirklich etwas beobachtet. Vielleicht hat Mathilda den Dieb oder die Diebin gesehen und kann euch einen guten Tipp geben oder aber sie ist es selbst gewesen. Manchmal ist die liebe, doch schon etwas ältere Dame von den Zauberschülern und -schülerinnen genervt, weil sie durch den Lärm der Kinder oft aus ihrem Mittagsschlaf geweckt wird.

Hinweis 12: Mathilda, der Waldkauz

Hallo ihr Lieben, ich habe euch eben schon mit der Igelmama reden sehen und es muss wohl etwas sehr Wichtiges gewesen sein. Aber wartet kurz, ich komme zu euch runtergeflogen, dann können wir uns besser unterhalten. Nun erzählt mal, was ihr auf dem Herzen habt. – Was sagt ihr da, wir haben einen Dieb oder eine Diebin an der Zauberschule? Wie kann das denn passieren? Vorn an der großen Eingangstüre wacht doch der sprechende Stein und sieht jede Person, die die Zauberschule betreten will. Ich sitze seit gestern Abend hier oben in diesem Baum und bewache die hintere Tür der Zauberschule, auf Bitte von Professor Quizzle. Er vermutet, dass ein paar der Kinder wohl heimlich in der Nacht die Zauberschule verlassen. Aber ich konnte keine fremde Person sehen, die in die Zauberschule wollte. Und oben aus der Luft beobachtet ja die Eule Amalia unsere Zauberschule. Also muss es doch jemand sein, der hier mit uns allen gemeinsam lebt und sich sehr gut in der Zauberschule auskennt, also jeden Gang und jede noch so kleine Ecke kennt. Lasst mich mal überlegen … Also heute habe ich noch fast niemanden gesehen und von den Tieren würde ich den Diebstahl keinem zutrauen. Moment mal, da fällt mir gerade ein: Heute Morgen, so gegen 8 Uhr, habe ich ein komisches Geräusch gehört, das mich aus meinem kurzen Nickerchen geweckt hat. Zuerst konnte ich es nicht richtig zuordnen und habe mich gefragt, was es wohl sein mag. Ich grübelte und als ich es noch mal gehört habe, wusste ich es plötzlich, denn es kam mir bekannt vor. Stellt euch vor, es sind die Schlüssel unseres Gespenstes Kunibert gewesen. Ihr könnt es nicht glauben? Ich bin mir aber sehr sicher. Allerdings wunderte ich mich, dass Kunibert zu so später Zeit noch wach gewesen ist, denn für unser liebes Nachtgespenst ist diese Uhrzeit schon sehr ungewöhnlich. Normalerweise schläft es schon, wenn die Zauberschule langsam erwacht, damit es niemand sieht. Vielleicht hat Kunibert ja etwas mit dem Verschwinden des Zauberstabs von Lilly zu tun. Mich könnt ihr auf jeden Fall von der Liste streichen.

Bevor ihr nun weiter fleißig versucht, herauszufinden, wer den Zauberstab gestohlen hat, und wir Lilly hoffentlich schnell ihren Zauberstab wiedergeben können, findet doch erst mal mit der Sternchenaufgabe heraus, wo sich das Gespenst Kunibert gerade aufhält, damit wir wissen, wo wir es in der Zauberschule überhaupt suchen müssen. Gemeinsam hören wir uns dann an, was uns das Nachtgespenst zu seiner Verteidigung zu sagen hat.

Hinweis 13: Miss Natalia

Hallo ihr Lieben, was macht ihr denn hier schon so früh in meinem Raum des Wahrsagens? Wir haben doch erst heute Nachmittag Unterricht. Wollt ihr wohl etwas mit eurer Kristallkugel üben? – Oh je, das ist ja unglaublich, dass Lillys Zauberstab gestohlen wurde. Hier an unserer Schule? Das ist ja schrecklich! Jetzt braucht ihr meine Hilfe und wollt, dass ich für euch in meine Kugel schaue und versuche, den Täter oder die Täterin zu finden. Kinder, glaubt mir, ich würde euch so unglaublich gern helfen, aber mir ist gestern Abend ein Missgeschick passiert. Ich bin hier in meinen Raum gelaufen und war ganz vertieft in das Buch des Wahrsagens, da bin ich gegen den Tisch mit meiner Kristallkugel gestoßen. Und ehe ich mich versehen konnte, fiel die Kugel auch schon auf den Boden und rollte mit voller Geschwindigkeit gegen den großen Schrank. Ich bin so erschrocken! Seitdem ist in der Kugel nur noch schwarzer Rauch zu sehen. Seit heute Morgen nach unserem Frühstück, so gegen 8 Uhr, versuche ich, den Rauch zu vertreiben. Aber kein Zauberspruch ist dafür stark genug! Ich denke, ich muss den Professor um seine Hilfe bitten. Leider kann ich euch nicht behilflich sein und mich könnt ihr als Täterin ausschließen, denn ich bin hier wirklich die ganze Zeit damit beschäftigt, meine Kristallkugel zu reparieren. Fragt doch mal Fridolin, unseren Frosch, der ist hier heute Vormittag schon fröhlich durch unsere Schule gehüpft. Viel Glück noch!

Hinweis 14: Fridolin, der Frosch

Hallöchen liebe Kinder, ich habe heute so gute Laune, denn die Sonne strahlt schon den ganzen Vormittag so wunderschön. Wie geht es euch? Ihr seid ja ganz außer Atem! Habt ihr etwa gerade Verteidigungstraining gehabt? – Oh, ihr sucht einen Dieb oder eine Diebin? Bei uns in der Zauberschule wird doch nicht etwa etwas Wichtiges gestohlen worden sein? – Was? Der Zauberstab von Lilly wurde gestohlen? Das darf doch nicht wahr sein! Sie braucht ihn doch sicher, um ihren Zaubertrank fertigzubrauen. Heute ist doch der Abgabetermin. Es sind nämlich alle Zauberschülerinnen und -schüler schon sehr nervös und man verspürt eine leichte Unruhe, wenn man durch die Gänge der Zauberschule geht. Aber ich muss jetzt wirklich los, denn ich habe mich mit den anderen Fröschen aus dem Wald zum Schwimmen am Dunkelsee verabredet. Mich könnt ihr jedenfalls als Täter streichen. Ich musste heute früh schon wieder vor den Jungs fliehen, das müsste so gegen circa 8 Uhr gewesen sein. Die haben sich schon wieder einen Streich erlaubt und wollten aus mir eine Froschschenkelsuppe machen. Ich sag's euch, dass diese Lausbuben mich immer ärgern und mir so einen Schrecken einjagen müssen. Aber vielleicht könnt ihr mal unsere Hausratte befragen, die ist doch schon immer früh auf den Beinen und flitzt durch die ganze Zauberschule, um nach dem Rechten zu sehen. Außerdem kennt sie jede noch so kleine Ecke in der Schule und vielleicht hat sie Lillys Zauberstab gesehen, macht sich einen Spaß daraus und versteckt ihn in irgendeinem engen Winkel. Wer weiß, manchmal ist sie schon ein bisschen frech.

Hinweis 15: Alda, die Ratte

Hallo Kinder, wieso versperrt ihr mir denn den Weg? Ich muss doch weiter und hier für Recht und Ordnung sorgen und schauen, dass keines von den Kindern Quatsch macht. – Was sagt ihr da? Heute ist schon etwas Außergewöhnliches passiert? Wieso weiß ich denn nichts davon? Also, dann sagt mir bitte mal sofort, was hier in unserer Zauberschule los ist, damit ich auf dem neuesten Stand bin. – Ich muss sagen, dass ich mich heute eh schon gewundert habe, weil alle so aufgeregt durch die Gänge laufen, aber wenn ihr heute euren ersten Zaubertrank abgeben müsst, ist das natürlich verständlich. Und ihr behauptet jetzt, dass Lillys Zauberstab wirklich gestohlen wurde? Hier bei uns an der Zauberschule? Das kann ich mir eigentlich nicht vorstellen, denn hier kennt doch jeder wirklich jeden. So, aber ihr seid wohl zu mir gekommen, weil ihr mich als Täterin noch auf eurer Liste stehen habt. Also gut, ich verrate es euch. Den ganzen Morgen, von 8 bis 9 Uhr, bin ich heute heimlich in der Küche gewesen und habe versucht, etwas von den Zutaten für die leckere Kartoffelsuppe abzubekommen. Die gibt es doch heute zum Mittagessen und die Würstchen, die darin sind, liebe ich über alles. Zum Glück hatte Hermine heute Küchendienst und hat ganz unauffällig ein Würstchen für mich fallen lassen. Gern könnt ihr sie fragen, ob das stimmt, was ich euch erzähle. Aber ich sage euch, mir ist heute Morgen ein komisches Geräusch aufgefallen, das mich auf meinen Morgenspaziergang durch die Zauberschule ziemlich erschreckt hat.

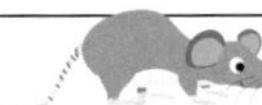

Zuerst konnte ich es nicht richtig zuordnen und habe mich gefragt, was es wohl sein mag. Ich grübelte und als ich es noch mal gehört habe, da wusste ich auch plötzlich was es gewesen ist, denn es ist mir bekannt vorgekommen. Stellt euch vor, es sind die Schlüssel unseres Gespenstes Kunibert gewesen. Ihr könnt es nicht glauben? Ich bin mir aber sehr sicher. Allerdings wunderte es mich, dass Kunibert zu so später Zeit noch wach gewesen ist, denn für unser liebes Nachtgespenst ist diese Uhrzeit schon sehr ungewöhnlich. Normalerweise schläft es doch, wenn die Zauberschule langsam erwacht, damit es niemand sieht. Vielleicht hat Kunibert ja etwas mit dem Verschwinden des Zauberstabs von Lilly zu tun. Mich könnt ihr auf jeden Fall von der Liste streichen.

Bevor ihr nun weiter fleißig versucht, herauszufinden, wer den Zauberstab gestohlen hat, und wir Lilly hoffentlich schnell ihren Zauberstab wiedergeben können, findet doch erst mal mit der Sternchenaufgabe heraus, wo sich das Gespenst Kunibert gerade aufhält, damit wir wissen, wo wir es in der Zauberschule überhaupt suchen müssen. Gemeinsam hören wir uns dann an, was uns das Nachtgespenst zu seiner Verteidigung zu sagen hat.

Täter:
Kunibert, das Gespenst

Hui hui, habt ihr heute ein Glück, mich hier oben in der alten Bibliothek anzutreffen, normalerweise verschwinde ich früh morgens gegen 5 Uhr durch diese große, alte Truhe hier in mein Versteck, damit mich auch ja niemand von euch frechen Kindern entdecken kann. Aber heute ist es anders gewesen. Irgendwie ist die ganze Zeit etwas sehr Außergewöhnliches in der Luft der Zauberschule gelegen und da konnte ich einfach nicht schlafen gehen, bevor ich wusste, was in meiner Schule vor sich geht. Also bin ich noch am Morgen bis circa 9 Uhr leise durch die Gänge geflogen und habe versucht, die Schüler und Schülerinnen zu belauschen. Besonders im Labor wurde sehr viel getuschelt und es hat nach sehr viel Zauberei gerochen. Erstaunlich, dass heute alle Kinder so früh wach waren und schon fleißig gearbeitet haben. – Ach so, ihr habt heute eine wichtige Abgabe und müsst die Zaubertränke fertigbrauen und dazu braucht ihr euren Zauberstab. Hihihi ... – Was sagt ihr da? Lillys Zauberstab wurde gestohlen und ihr glaubt wirklich, dass ich so etwas tun würde? Hihihi ... Ganz Unrecht habt ihr nicht. Ich lasse ja gern mal Dinge in der Zauberschule verschwinden und da ist mir der Zauberstab von Lilly heute gerade recht gekommen. Der lag da im Labor so verlassen neben dem Zaubertrank, funkelte mich an und da habe ich ihn eingesteckt. Ich habe gedacht, dann kann auch ich endlich mal einen Zauberversuch wagen. Das wäre auch nur zu schön gewesen. Ich muss sagen, ihr seid wirklich gute Detektivinnen und Detektive. Bitte verratet mich nicht, ja? Hier ist der Zauberstab und ich verschwinde jetzt besser mal ganz schnell in meiner Truhe. Tschüss!

Aufenthaltsort von Kunibert

Mich kann man sehr schwer in der Zauberschule finden, da ich lautlos und unsichtbar durch die Gänge der Zauberschule schwebe. Manchmal könnt ihr einen Windzug in den Gängen spüren, dann bin ich vielleicht gerade an euch vorbeigehuscht – oder ist es doch nur der Wind gewesen? Meistens bin ich nur in der Nacht aktiv, wenn alle in der Zauberschule tief schlafen und im Land der Träume unterwegs sind. In dieser Zeit spiele ich den Kindern manchmal Streiche und verstecke Bücher oder knote die Schnürsenkel ihrer Schuhe zusammen. Hihihi ...
Mein Geheimversteck ist weit weg vom Speisesaal und der großen Eingangshalle, denn ich mag es gar nicht, wenn zu viele Menschen um mich herum sind. Der Raum, in dem ich mich meist aufhalte, ist sehr groß und hat riesige Fenster, durch die in der Nacht das Mondlicht hineinscheint. Tagsüber halten sich hier Schülerinnen und Schüler auf, die in Ruhe lernen, Zaubersprüche abschreiben oder in magischen und uralten Büchern lesen wollen. Es gibt hier sehr viele alte und dicke Zauberbücher. Vielleicht habt ihr auch schon mal die alte, große Truhe hier gesehen. Was in der wohl drin sein mag?
Jetzt bin ich gespannt, ob ihr wisst, wer ich bin und in welchem Raum ich mich meistens aufhalte.

QR-Codes – Der verschwundene Zauberstab 1/3

5. Lilly und Mo
cloud.verlagruhr.de/lerninhalt/AVZYcfqcFFcW/

5. Wächter der goldenen Schlüssel
cloud.verlagruhr.de/lerninhalt/di45SWXjupeC/
Hinweis 1–3

5. Wächter der goldenen Schlüssel
cloud.verlagruhr.de/lerninhalt/s8psO6B2NG1V/
Hinweis 1–3

5. Amalia
cloud.verlagruhr.de/lerninhalt/sxgS8G3re72l/
Hinweis 1–3

5. Amalia
cloud.verlagruhr.de/lerninhalt/Xtouux0DQeUb/
Hinweis 1–3

5. Henriette
cloud.verlagruhr.de/lerninhalt/UGrxZjWAZWLi/
Hinweis 1–3

5. Henriette
cloud.verlagruhr.de/lerninhalt/hTwTqVF1QAqO/
Hinweis 1–3

5. Freddy
cloud.verlagruhr.de/lerninhalt/jzHgSAZoU9n4/
Hinweis 4–6

5. Freddy
cloud.verlagruhr.de/lerninhalt/IdunUCGozUd5/
Hinweis 4–6

5. Professor Quizzle
cloud.verlagruhr.de/lerninhalt/RcAZ2tRzY4T7/
Hinweis 4–6

5. Professor Quizzle
cloud.verlagruhr.de/lerninhalt/GFZ05CwoOmxq/
Hinweis 4–6

5. Fräulein Flauschig
cloud.verlagruhr.de/lerninhalt/vo7FktGZmTZx/
Hinweis 4–6

5. Fräulein Flauschig
cloud.verlagruhr.de/lerninhalt/53bzLAOjcMT9/
Hinweis 4–6

QR-Codes – Der verschwundene Zauberstab 2/3

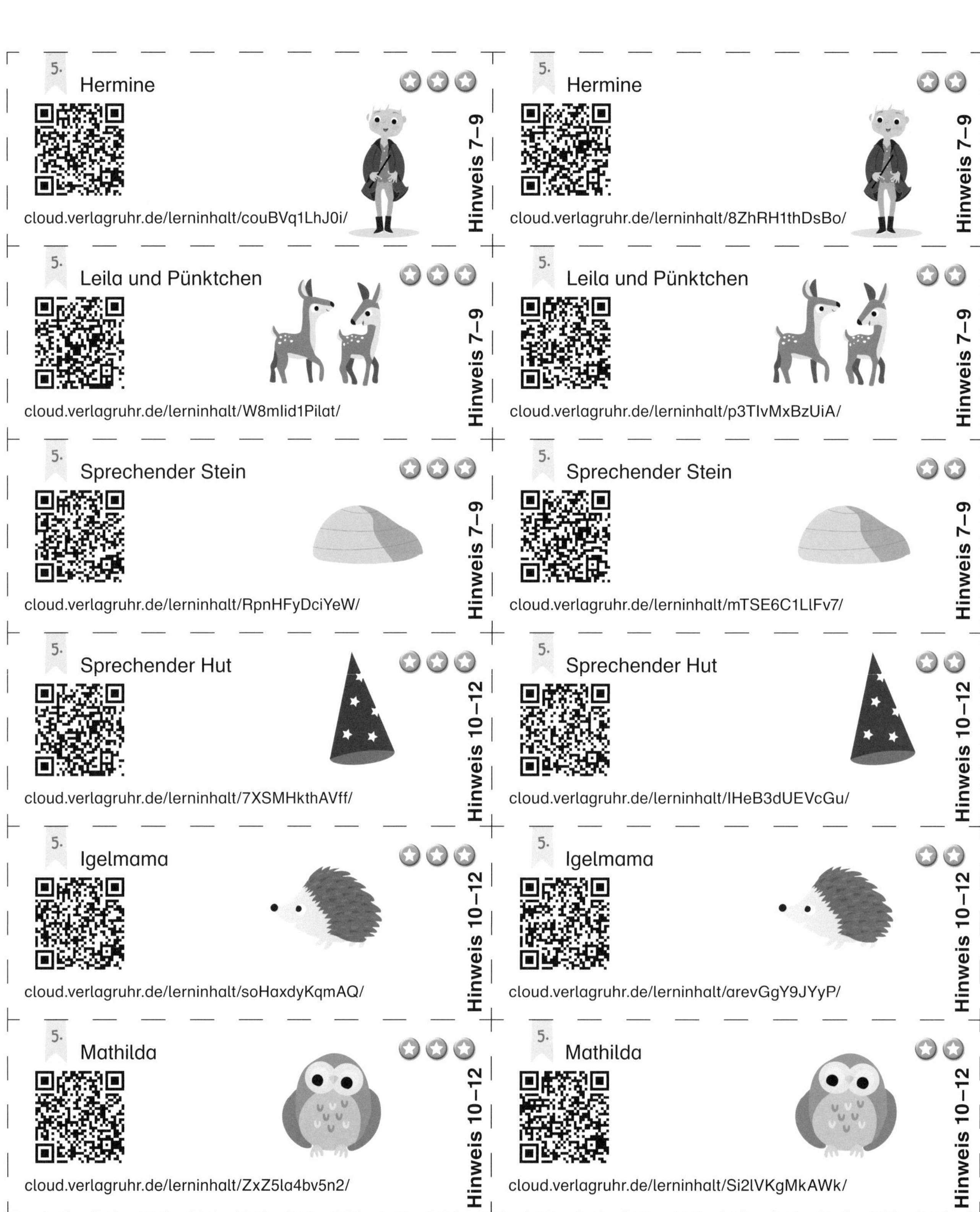

QR-Codes – Der verschwundene Zauberstab 3/3

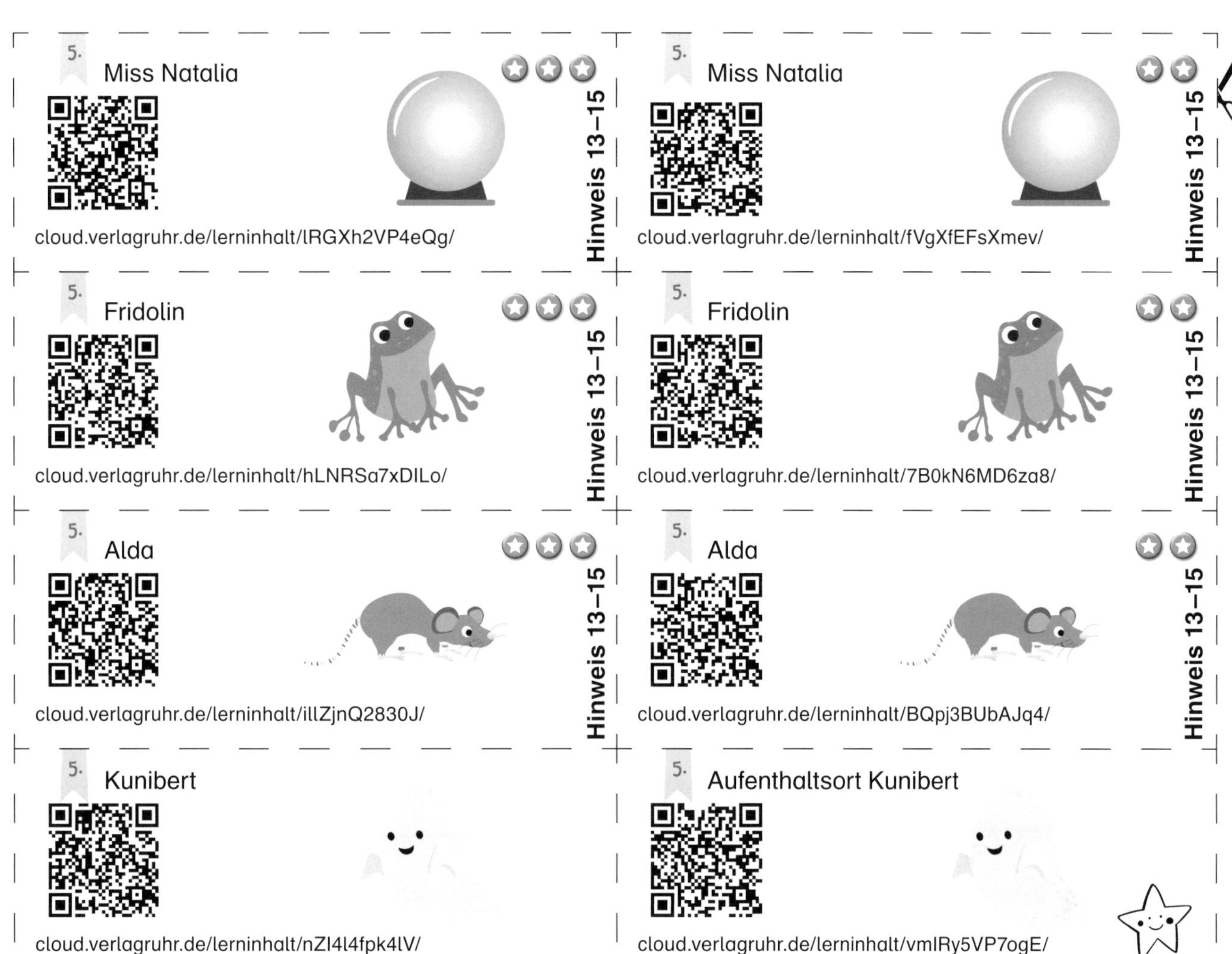

Der verschwundene Zauberstab: Personenaussagen

1. Trage in die Tabelle die Person ein, die du angehört hast.
2. Notiere auch das Alibi, das der- oder diejenige hat, und beweist, dass er oder sie nicht der Täter oder die Täterin ist.
3. Schreibe auch auf, wen diese Person verdächtigt.

Person	Alibi	verdächtigt

Der verschwundene Zauberstab: Wer hat ein Alibi?

Streiche die Personen, Tiere oder Gegenstände durch, die nicht Lillys Zauberstab gestohlen haben können.

Der verschwundene Zauberstab

1. **Höre dir den QR-Code mit dem Stern an.**

2. **Besprich mit deinem Partnerkind, was du gerade gehört hast.**

3. **Schreibe auf.**
   - Über wen hast du beim Zuhören etwas erfahren?

   ....

   ....

   - Wo hält sich der- oder diejenige auf? Beschreibe genau.

   ....

   ....

   ....

   ....

   ....

4. **Stelle dir vor, du triffst das Gespenst und sollst es zu dem Diebstahl befragen. Welche Fragen würdest du dem Gespenst stellen?**

   ....

   ....

   ....

   ....

6. Das verschwundene Zauberbuch

Material:

- evtl. Zaubermusik
- QR-Codes (S. 55/56), auseinandergeschnitten
- Kopiervorlagen (S. 57–59)
- Figuren für die Tafel (S. 65–72 oder Download)

In dieser Stunde werden die Kinder wieder Detektivinnen und Detektive und helfen den beiden Hauptfiguren Lilly und Mo, das verschwundene Zauberbuch zu finden und den Täter oder die Täterin zu enttarnen. Durch das Scannen von QR-Codes und das Anhören der Dateien kann die Klasse den Fall lösen.
Auch in diesem Fall kann die Klasse nur gemeinsam den*die Täter*in finden, denn es wird wieder in arbeitsteiliger Gruppenarbeit gearbeitet. Das bedeutet, dass nicht jedes Kind alle Täter*innen befragt bzw. anhört, sondern nur drei. Hierbei ist es sinnvoll, immer eine Kontrollgruppe zu haben. Falls eine Gruppe etwas falsch verstanden hat, kann die andere Gruppe helfen und richtigstellen.

Beispiel:
- Gruppen 1 und 2 hören Hinweise 1–3
- Gruppen 3 und 4 hören Hinweise 4–6
- Gruppen 5 und 6 hören Hinweise 7–9
- Gruppen 7 und 8 hören Hinweise 10–12

Stundenverlauf:

Lassen Sie die Kinder sich in die Welt der Zauberschule einfinden. Hören Sie ggf. Zaubermusik oder beginnen Sie die Stunde mit einem Zauberspruch. Alternativ oder zusätzlich können Sie die Stunde auch mit einem stummen Impuls starten, indem Sie die Zauberschule und die beiden Hauptfiguren an der Tafel zeigen. Fragen Sie die Kinder, woran sie sich aus der letzten Stunde erinnern können.

Hören Sie gemeinsam im Plenum den Einleitungstext an und lassen Sie die Kinder sich frei äußern, was sie alles entdecken und wen sie kennenlernen könnten. Lassen Sie sie ggf. auch (in Partnerarbeit) vermuten, wo das Zauberbuch in der Zauberschule versteckt sein könnte. Mithilfe eines Hosentaschenzettels können die Kinder ihre Vermutung auf einem kleinen Zettel festhalten, der in der Hosentasche verschwindet und so am Ende schnell wieder gefunden wird.

Erklären Sie anschließend den Ablauf:

1. **1.** Wir scannen den QR-Code.
2. **2.** Wir hören genau zu.
3. **3.** Wir schreiben die passenden Schlüsselwörter auf (Person, Alibi, Verdächtige).
4. **4.** Wir streichen die Person mit dem Alibi durch.

Sagen Sie den einzelnen Gruppen, mit welcher tatverdächtigen Person sie starten. Verteilen Sie entsprechend die QR-Codes zu den schweren oder leichten Hörversionen.

Schnelle Schüler*innen können nach Bearbeitung der Aufgabe die Sternchenaufgabe lösen.

Nach Abschluss der Höraufgaben nennen die Kinder im Plenum ihre Ergebnisse. Lassen Sie sie die Figuren an der Tafel eine nach der anderen ausschließen, sodass am Ende der*die Täter*in übrig bleibt. Hören Sie abschließend den Text der Täterin (Amalia, die Eule) gemeinsam an. Die Kinder überprüfen ihre Vermutungen, indem sie den Hosentaschenzettel lesen.

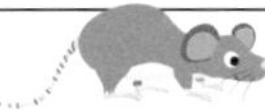

6. Hörtexte

Lilly und Mo (Einleitung)

Hallo liebe Kinder, wir sind es, eure Freunde Lilly und Mo von der Zauberschule. Kannst du dich noch an uns erinnern? Wir sind seit einigen Tagen in der Zauberschule nach unseren Ferien wieder zurück. Es gibt leider auch schon wieder richtig viel zu tun, denn so gut kennen wir uns ja immer noch nicht aus. Und ja, wir brauchen schon wieder eure Hilfe. Dieses Mal kann Mo sein Zauberbuch nirgends mehr finden und da stehen alle wichtigen Dinge drin, also zum Beispiel wichtige und schwierige Zaubersprüche oder Rezepte für die verschiedensten Zaubertränke. Das wäre sehr doof, wenn wir es nicht mehr finden würden. Du weißt ja, Mo vermutet mal wieder, dass ihm jemand das Zauberbuch gestohlen hat. Heute Morgen nach dem Frühstück gegen 9 Uhr hatte er draußen hinter der Zauberschule gesessen und darin gelesen – bis er ungefähr um 9.30 Uhr kurz auf die Toilette gegangen ist. Als er wiedergekommen ist, war es verschwunden. Bitte helft uns, den Täter oder die Täterin zu finden. Letztes Mal konntet ihr uns bei der Suche nach dem Zauberstab schon so gut unterstützen.

Hinweis 1:
Professor Quizzle

Hallo ihr Lieben! Heute ist hier in der Eingangshalle so viel los, weil immer mehr Schüler und Schülerinnen aus ihren Ferien wieder zu uns kommen. Morgen geht die Zauberschule wieder richtig los. Hoffentlich hat niemand etwas Wichtiges zu Hause vergessen. Soll ich euch etwas verraten? Ach, entschuldigt, ich rede die ganze Zeit, aber ihr habt sicher eine wichtige Frage an mich. – Was sagt ihr da? Mo wurde sein Zauberbuch gestohlen. Oh je, oh je, das geht ja gut los. Es ist sehr nett von euch, dass ihr den Freunden Lilly und Mo bei der Suche behilflich seid, aber bei mir seid ihr wirklich falsch. Ich würde einem Zauberschüler niemals etwas stehlen. Wenn ich das Zauberbuch gesehen hätte, dann hätte ich es eingesteckt und dem- oder derjenigen zurückgegeben und eine Predigt darüber gehalten, dass man auf seine Zauberutensilien gut aufpassen muss. Die kann man nicht einfach so herumliegen lassen, auch wenn man nur mal schnell auf die Toilette geht. Das müssen die neuen Zauberschüler und Zauberschülerinnen wirklich noch lernen. Trotzdem finde ich es gut, dass ihr hier alle aus der Zauberschule befragt, um den Täter oder die Täterin zu finden. Also mich könnt ihr jedenfalls von der Liste streichen, denn ich bin nach dem Frühstück so gegen 9 Uhr gleich hier runter in die Eingangshalle gekommen, um alle Schülerinnen und Schüler nach den Ferien zu begrüßen und das Chaos hier so klein wie möglich zu halten. Der sprechende Hut hilft mir auch seit heute Morgen hier unten. Ihr könntet die Igelmama mit ihren Kindern draußen hinter der Zauberschule befragen, vielleicht hat sie etwas gesehen oder weiß, wo das Buch ist, denn ihre kleinen Igelkinder schleppen gerne verschiedene Dinge zu ihrem Blätterhaufen. Ich wünsche euch noch viel Erfolg bei der Suche! Und bitte sagt mir am Ende Bescheid, wer es war. Danke!

Hinweis 2:
Igelmama

Ihr habt aber ein Glück, dass ihr mich noch erwischt. Gerade wollte ich los in den Wald laufen und Fressen für mich und meine Kinder holen. Die machen nämlich gerade ihren Vormittagsschlaf.
Ich muss mich wirklich beeilen, bevor sie wieder aufwachen. Also habe ich nicht viel Zeit. Was wollt ihr denn? Glücklich seht ihr ja nicht gerade aus und das, obwohl ihr gerade erst aus den Ferien kommt. Schießt los, was liegt euch auf dem Herzen? – Was erzählt ihr da? Eurem Freund wurde sein Zauberbuch gestohlen? Das kann doch nicht sein! So viele Kinder sind doch noch gar nicht wieder zurück in der Zauberschule, die meisten kommen doch erst heute wieder aus den Ferien wieder. Also lasst mich mal kurz überlegen … Vielleicht habe ich ja etwas gesehen. Ihr sagt, dass euer Freund sein Zauberbuch heute gegen 9.30 Uhr hier draußen auf der Bank kurz liegen gelassen hat, weil er auf die Toilette musste. Zu dieser Uhrzeit war ich mit meinen Kindern beim Brunnen im Kräutergarten, um etwas zu trinken und uns ein bisschen zu waschen, damit wir fit für den Tag sind.
Das hat heute mal wieder etwas länger gedauert, denn wir haben Fräulein Flauschig, die

Eichhörnchenmama, mit ihren Kindern getroffen und dann hatten unsere Kinder natürlich den größten Spaß und haben nur umhergespritzt. Uns könnt ihr somit von der Täterliste streichen. Aber fragt doch mal unseren Waldkauz Mathilda. Die sitzt da oben in ihrem Baum und hat doch eigentlich den besten Blick. Viel Erfolg noch bei der Suche!

Hinweis 3: Mathilda, der Waldkauz

Hallo ihr Lieben, ich habe euch eben schon mit der Igelmama reden sehen und es muss wohl etwas sehr Wichtiges gewesen sein. Aber wartet kurz, ich komme zu euch runtergeflogen, dann können wir uns besser unterhalten. Nun erzählt mal, was euch auf dem Herzen liegt. – Was sagt ihr da? Wir haben einen Dieb oder eine Diebin an der Zauberschule? Wie kann das denn passieren? Vorne an der großen Eingangstüre wacht doch der sprechende Stein und sieht jeden, der die Zauberschule betreten will. Hier hinten passe ich eigentlich immer gut auf, wenn ich nicht gerade ein kurzes Nickerchen einlege. Heute Morgen habe ich mir nach dem Frühstück gedacht, dass ich noch mal ein kurzes Schläfchen halte, bevor der Schulalltag hier wieder richtig losgeht. Aufgewacht bin ich so gegen 9.45 Uhr, weil die Igelkinder so laut waren, als sie vom Kräutergarten wiedergekommen sind.

Aber Moment mal, da fällt mir gerade ein: Während meines Schläfchens, so zwischen 9.20 Uhr und 9.45 Uhr, wo ich aufgewacht bin, habe ich ein komisches Geräusch gehört, das mich aus meinem kurzen Nickerchen geweckt hat. Zuerst dachte ich, dass ich träume, doch dann konnte ich es nicht richtig zuordnen und habe mich gefragt, was es wohl sein mag. Ich grübelte und als ich es noch mal etwas genauer gehört habe, wusste ich es plötzlich, denn es kam mir bekannt vor. Stellt euch vor, es sind die Flügelschläge unserer Eule Amalia gewesen. Ihr könnt es nicht glauben? Ich bin mir aber sehr sicher. Allerdings wunderte ich mich, dass Amalia so früh von ihrer morgendlichen Flugrunde zurück gewesen ist, denn für unsere liebe Eule ist ihre morgendliche Flugrunde schon sehr wichtig. Normalerweise kommt sie erst wieder gegen 10 Uhr in der Zauberschule an und sieht nach, ob alle Kinder brav im Unterricht sind und sich auch keiner mehr draußen herumtreibt. Vielleicht hat Amalia ja etwas mit dem Verschwinden des Zauberbuches von Mo zu tun. Mich könnt ihr auf jeden Fall von der Liste streichen.

Bevor ihr nun weiter fleißig versucht, herauszufinden, wer das Zauberbuch gestohlen hat, und wir es Mo hoffentlich schnell wiedergeben können, erledigt doch erst mal die Sternchenaufgabe. Gemeinsam hören wir uns dann an, was uns die Eule zu ihrer Verteidigung zu sagen hat.

Hinweis 4: Miss Natalia

Hallo ihr Lieben, was macht ihr denn hier schon so früh in meinem Raum des Wahrsagens? Wir haben doch erst morgen wieder Unterricht. Oder wollt ihr schon ein wenig mit eurer Kristallkugel üben? – Oh je, das ist ja unglaublich, dass Mos Zauberbuch gestohlen wurde. Ist er sich denn sicher? Vielleicht hat er es ja auch zu Hause vergessen. Hmm, o.k. … Hier an unserer Schule? Das ist ja wirklich schrecklich. Jetzt braucht ihr meine Hilfe und wollt, dass ich für euch in meine Kugel schaue und versuche, den Täter oder die Täterin zu finden. Das ist wirklich eine sehr gute Idee, meine Lieben, und ich würde euch auch sehr gerne helfen, aber leider geht es gerade nicht. Ja, wie soll ich euch das erklären, weil eigentlich darf ich euch das nicht verraten … Also, es ist so: Alle Zauberschülerinnen und Zauberschüler mussten mir vor den Ferien zeigen, was man mit der Zauberkugel alles machen kann und darf. Alle haben diese Prüfung bestanden und bekommen deshalb morgen ihre eigene Kristallkugel. Aber psst! Das ist jetzt unser Geheimnis und ihr dürft es noch niemanden sagen, o.k.? Deshalb kann ich gerade nicht in meine Kugel schauen, weil ich quasi alle Kugeln der Schüler und Schülerinnen mit meiner verbinde. So kann ich immer sehen, ob ihr Kinder gut mit eurer Kugel umgeht.

Seit heute Morgen nach unserem Frühstück, so gegen 9 Uhr, versuche ich, die Verbindungen aufzubauen, aber irgendwie ist es diesmal nicht so leicht wie gedacht. Ich hoffe, dass es noch bis heute Abend funktioniert, sonst denke ich, muss ich den Professor um seine Hilfe bitten. Leider kann ich euch nicht behilflich sein und mich könnt ihr als Täterin ausschließen, denn ich bin hier wirklich die ganze Zeit damit beschäftigt, meine Kristallkugel zu reparieren. Fragt doch mal unseren Frosch, den Fridolin. Der ist hier heute Vormittag schon fröhlich durch unsere Schule gehüpft und hat auch mir sehr interessiert bei meiner Arbeit zu gesehen. Viel Glück noch!

Hinweis 5: Fridolin, der Frosch

Hallöchen liebe Kinder, ich habe heute so gute Laune, denn die Sonne strahlt schon den ganzen Vormittag so wunderschön. Wie geht es euch? Ihr seid ja ganz außer Atem! Habt ihr etwa gerade Verteidigungstraining gehabt? Oh nein, stopp, morgen beginnt die Schule ja erst wieder. Oh, ihr sucht einen Dieb oder eine Diebin? Bei uns in der Zauberschule wird doch nicht etwa etwas Wichtiges gestohlen worden sein? – Was? Das Zauberbuch von Mo wurde gestohlen? Das darf doch nicht wahr sein! Er braucht es doch sicher morgen pünktlich zum Schulstart wieder, oder? Es tut mir leid, aber ich muss jetzt wirklich los, denn ich habe mich mit den anderen Fröschen aus dem Wald zum Schwimmen am Dunkelsee verabredet. Wir wollen das schöne Wetter heute noch genießen. Mich könnt ihr jedenfalls als Täter streichen. Ich bin heute schon sehr früh unterwegs gewesen. Zuerst habe ich im Frühstücksraum gegen 9 Uhr nachgesehen, ob ich noch etwas Leckeres zum Essen abbekomme, denn in den Ferien ist hier ja nicht gerade viel los und da bekomme ich nicht sehr viele Leckereien aus der Schulküche ab. Dann bin ich fröhlich durch die Schule gehüpft und habe nachgesehen, wer schon wieder alles aus den Ferien zurück ist. Gegen 9.30 Uhr habe ich dann bei Miss Natalia und ihren Zauberkugeln vorbeigeschaut. Ich finde, die glitzern immer so unglaublich schön. Aber anscheinend hat sie ein kleines Problem, denn irgendetwas funktioniert nicht so ganz, wie sie es sich vorgestellt hat. – Ach, dass wisst ihr schon? Dann halte ich euch nicht länger bei eurer Suche auf und ich muss ja auch los.

Aber vielleicht könnt ihr mal unsere Hausratte befragen, die habe ich heute auf dem Weg zu Miss Natalia auch schon durch die Gänge der Zauberschule flitzen sehen. Bestimmt hat sie nach dem Rechten gesehen und für Ordnung gesorgt. Außerdem kennt sie jede noch so kleine Ecke in der Schule. Vielleicht hat sie das Zauberbuch von Mo gesehen, macht sich einen Spaß daraus und versteckt es in irgendeinem engen Winkel. Wer weiß, manchmal ist sie schon ein bisschen frech.

Hinweis 6: Alda, die Ratte

Hallo Kinder, wieso versperrt ihr mir denn den Weg? Ich muss doch hier für Recht und Ordnung sorgen und schauen, dass keines von den Kindern Quatsch macht – jetzt, wo alle von zu Hause zurückkommen. – Was sagt ihr da? Heute ist schon etwas Außergewöhnliches passiert? Wieso weiß ich denn nichts davon? Also, dann sagt mir bitte mal sofort, was hier in unserer Zauberschule los ist, damit ich auf dem neuesten Stand bin. – Und ihr behauptet jetzt, dass Mos Zauberbuch wirklich gestohlen wurde? Hier bei uns an der Zauberschule? Das kann ich mir eigentlich nicht vorstellen, denn hier kennt doch jeder wirklich jeden. Aber ihr seid wohl zu mir gekommen, weil ihr mich als Täterin noch auf eurer Liste stehen habt. Also gut, ich verrate es euch. Den ganzen Morgen, von 8 Uhr bis circa 8.30 Uhr, bin ich heute heimlich in der Küche gewesen und habe versucht, etwas von den Leckereien für das Frühstück abzubekommen. Ab 9 Uhr war ich dann im großen Speisesaal unterwegs und habe gehofft, dass ich dort etwas vom leckeren Speck und vom Rührei stibitzen kann. Hermine, eure Mitschülerin, hatte mich im Speisesaal entdeckt, aber glücklicherweise nicht verraten und mir sogar ganz unauffällig ein wenig Speck fallen gelassen. Gern könnt ihr sie fragen, ob das stimmt, was ich euch erzähle. Danach habe ich mich ganz schnell aus dem Staub gemacht und mich auf meine Rundtour durch die Zauberschule begeben, die ich jeden Morgen laufe. Dabei bin ich auch meinem Freund, dem Frosch Fridolin begegnet, der war gerade auf dem Weg zu Miss Natalia.

Aber ich sage euch, mir ist heute in der Früh ein komisches Geräusch aufgefallen, das mich auf meinen Morgenspaziergang um die Zauberschule herum ziemlich erschreckt hat. Zuerst konnte ich es nicht richtig zuordnen und habe mich gefragt, was es wohl sein mag. Ich grübelte und als ich es noch mal gehört habe, da wusste ich auch plötzlich, was es gewesen ist, denn es ist mir bekannt vorgekommen. Stellt euch vor, es sind die Flügelschläge unserer Eule Amalia gewesen. Ihr könnt es nicht glauben? Ich bin mir aber sehr sicher. Allerdings wunderte es mich, dass Amalia so früh von ihrer morgendlichen Flugrunde zurück gewesen ist, denn für unsere liebe Eule ist ihre morgendliche Flugrunde schon sehr wichtig. Normalerweise kommt sie erst wieder gegen 10 Uhr in der Zauberschule an und sieht nach, ob alle Kinder brav im Unterricht sind und sich auch keines mehr draußen herumtreibt. Vielleicht hat Amalia ja etwas mit dem Verschwinden des Zauberbuches von Mo zu tun. Mich könnt ihr auf jeden Fall von der Liste streichen.

Bevor ihr nun weiter fleißig versucht, herauszufinden, wer das Zauberbuch gestohlen hat, und wir es Mo hoffentlich schnell wiedergeben können, erledigt doch erst mal die Sternchenaufgabe. Gemeinsam hören wir uns dann an, was uns die Eule zu ihrer Verteidigung zu sagen hat.

Hinweis 7: Freddy, der Fuchs

Hallo liebe Kinder, ich bin es, Freddy, der Fuchs. Sagt mal, wisst ihr, was mit Lilly und Mo los ist? Die beiden laufen den ganzen Tag kreuz und quer über das Gelände der Zauberschule. Bestimmt suchen sie etwas, oder? – Ach, so ist das! Wer stiehlt denn bitte ein Zauberbuch? Das ist ja wirklich noch nie passiert. Aber hier in der Zauberschule erlebe ich mit euch ja sowieso die abenteuerlichsten Sachen. Ich muss sagen, dass ich es wirklich sehr nett von euch finde, dass ihr Lilly und Mo bei der Suche nach dem Zauberbuch behilflich seid. Mo ist bestimmt sehr traurig und unglaublich nervös, denn das Zauberbuch ist für euch Kinder ja sehr wichtig und morgen beginnt ja auch schon wieder der Zauberunterricht. Ich habe das Zauberbuch leider nicht gesehen und natürlich auch nicht gestohlen. Was soll ich denn damit? Ich wüsste ja überhaupt nicht, was ich mit diesem Buch anstellen sollte. Ich kann damit ja gar nicht zaubern und irgendwelche giftigen Zaubertränke möchte ich auch nicht brauen. Igittigitt! Seit dem Sonnenaufgang, so gegen 6 Uhr, bin ich die ganze Zeit mit meinem Bruder Fred und den Rehen Leila und Pünktchen im Wald gewesen und wir haben wieder einmal die leckersten Beeren gesucht und gefunden. Sie haben wirklich vorzüglich geschmeckt. Hmm! So lecker! Die beiden Rehe wollten dann noch unbedingt zum Dunkelsee und sich eine kleine Abkühlung abholen, aber davor haben wir noch ein kleines Wettrennen veranstaltet. Das sollte so gegen 9 Uhr gewesen sein. Dann sind wir gemütlich zum See gelaufen und dort waren wir dann ungefähr bis 10 Uhr.
Schaut mal, da kommen ja gerade Leila und Pünktchen. Die können euch auch gleich erzählen, wer bei dem Wettrennen gewonnen hat. Vielleicht können sie euch auch bei eurer Suche weiterhelfen. Ich bin raus aus der Sache und muss jetzt wirklich zurück in den Wald, denn dort wartet mein Bruder auf mich. Wir wollen aus den Beeren etwas Leckeres kochen. Viel Erfolg bei der Suche!

Hinweis 8: Leila und Pünktchen, die Rehe

Hallo ihr Lieben! Hätten wir gewusst, dass wir euch heute hier noch treffen, dann hätten wir lieber mit euch das Wettrennen gemacht. Dann hätten wir mal echte Konkurrenz gehabt. Freddy ist nämlich so superlangsam, das könnt ihr euch gar nicht vorstellen. Heute Morgen, so um 9 Uhr, als wir das Wettrennen mit den Brüdern veranstaltet haben, waren die beiden einfach noch so langsam. Wir hätte lieber davor die Abkühlung im Dunkelsee nehmen sollen. Vielleicht wären sie dann mal richtig wach gewesen. – Oh, ihr wollt uns etwas Wichtiges fragen? Na, dann raus mit der Sprache. Wir hoffen, wir können euch helfen. – Das ist ja mal spannend! Also läuft hier irgendwo einfach so ein Dieb oder eine Diebin mit einem Zauberbuch herum. O.k. Und wenn ich euch jetzt richtig verstanden habe, sucht

ihr den Täter oder die Täterin und braucht Tipps, wer es gewesen sein könnte, oder?
Also, lasst uns mal überlegen ... Uns könnt ihr schon mal von der Liste streichen, denn wir haben euch ja schon erzählt, was wir heute Vormittag mit Freddy und seinem Bruder gemeinsam gemacht haben. So gegen 10 Uhr müssten wir dann langsam wieder vom Dunkelsee in den Wald zurückgekehrt sein. Aber was ist denn mit der Eichhörnchenmama, Fräulein Flauschig, und ihren Kindern? Vielleicht haben die ja etwas gesehen. Soweit ich weiß, haben die zurzeit ihren Bau nicht mehr so tief im Wald, sondern näher an der Zauberschule. Fragt sie doch mal, vielleicht können sie euch mehr über den Täter oder die Täterin verraten oder euch einen guten Tipp geben. Wir wünschen euch weiterhin viel Glück bei der Suche! Wir werden hier im Wald, wo wir uns gut auskennen, Ausschau nach dem Zauberbuch von Mo halten. Tschüss!

Hinweis 9:
Fräulein Flauschig, die Eichhörnchenmama

Hallo! Wie geht es euch? Ich sage euch, die Haselnüsse vom Strauch bei eurem Kräutergarten hinter der Zauberschule schmecken vorzüglich. Auch meine Kinder lieben sie. Wisst ihr vielleicht, ob die jemand verzaubert hat? Aus dem Wald schmecken sie nämlich immer anders. Naja egal, ihr habt doch sicher ein Anliegen, oder? – Wirklich? In der Zauberschule gibt es einen Dieb oder eine Diebin? Und ich dachte immer, dass an einem so magischen und verzauberten Ort keine schlimmen Dinge passieren. Da habe ich mich wohl getäuscht. Naja, aber ich bin ehrlich und kann euch hierbei leider keine große Hilfe sein. Heute Morgen haben sich meine Kinder und ich uns um 9 Uhr – nein, halt, ich denke es war doch etwas später, so gegen 9.15 Uhr – auf den Weg zum Kräutergarten der Zauberschule gemacht. Wir wollten aus dem Brunnen trinken und uns etwas waschen. Als wir dort angekommen sind, haben wir die Igelmama mit ihren Kindern getroffen. Unsere Kinder hatten so einen Spaß, mit dem Wasser zu spielen, und wir Mamas konnten derweil ein kleines Pläuschchen halten. Aber ich kann euch leider nicht weiterhelfen. Stopp! Moment, wartet! Ich glaube, ich kann euch vielleicht doch noch helfen oder einen sehr guten Tipp geben. Heute Morgen so gegen 8 Uhr – oder war es doch schon 8.30 Uhr? Hmm ... – ich denke, es ist eher 8.30 Uhr gewesen, denn ein paar Kinder saßen schon im Speisesaal beim Frühstücken. Ich schwang mich gerade auf dem Weg zum Kräutergarten von Baum zu Baum, um für meine Kinder ein paar leckere Haselnüsse von eurem vielleicht verzauberten Strauch zu holen. Verratet das Versteck bloß den schnellen Rehen nicht, mit denen streiten wir uns sowieso schon immer um die Nüsse im Wald. Auf jeden Fall habe ich heute Morgen, als ich im Haselnussstrauch saß, die Eule Amalia mit ihren großen Flügeln schlagen hören. Es ist mir etwas merkwürdig vorgekommen, denn das ist doch schon sehr früh für unsere liebe Eule. Normalerweise kommt sie erst wieder gegen 10 Uhr von ihrer morgendlichen Flugrunde in der Zauberschule an und sieht nach, ob alle Kinder brav im Unterricht sind und sich auch keiner mehr draußen herumtreibt. Vielleicht hat Amalia ja etwas mit dem Verschwinden des Zauberbuches von Mo zu tun.

Bevor ihr nun weiter fleißig versucht, herauszufinden, wer das Zauberbuch gestohlen hat, und wir es Mo hoffentlich schnell wiedergeben können, erledigt doch erst mal die Sternchenaufgabe. Gemeinsam hören wir uns dann an, was uns die Eule zu ihrer Verteidigung zu sagen hat.

Hinweis 10:
Der Wächter der goldenen Schlüssel

Hallo liebe Kinder, ich bin es, der Wächter der goldenen Schlüssel. Ich habe die schreckliche Nachricht von Mo schon gehört. Es ist ausgesprochen nett von euch, dass ihr Lilly und Mo bei der Suche nach dem Zauberbuch behilflich seid. Die beiden Freunde haben mit euch die besten Helferinnen und Helfer gefunden, denn ihr kennt euch jetzt ja wirklich schon super in unserer Zauberschule aus. Mo ist schon sehr traurig, denn er hatte sich schon so auf morgen und den Beginn des Zauberunterrichts mit dem Zauberbuch gefreut. Also ist es sehr wichtig, dass ihr die Person, die das Zauberbuch gestohlen hat, schnell findet, damit Mo morgen einen guten Start in den Zauberunterricht nach den Ferien hat.

Bei mir seid ihr jedoch leider an der falschen Adresse und ich habe auch gerade gar nicht viel Zeit, denn ich muss schleunigst wieder in die große Eingangshalle und die Dekoration von unserem Schulfest abbauen, denn auch ich hatte Ferien. Seit heute Morgen, das sollte so circa um 7.30 Uhr gewesen sein, bin ich schon in der ganzen Zauberschule unterwegs, um alles auf Vordermann zu bringen. Und ihr wisst, wie riesig unsere Schule ist. Zuerst musste ich heute sogar hinauf in den alten, verstaubten Dachboden, um die Kisten für die Dekoration herunterzuholen. Ich sag euch, das war vielleicht anstrengend. Danach habe ich mir gegen 9 Uhr erst einmal einen Kaffee im großen Speisesaal gegönnt, während die Kinder und manche Lehrerinnen und Lehrer gefrühstückt haben. Dann bin ich gemeinsam mit Professor Quizzle hinunter in die große Eingangshalle gegangen. Er wollte die Schülerinnen und Schüler begrüßen und ich wollte weiter die Dekoration einsammeln.
Jetzt muss ich aber wirklich los, sonst werde ich heute nicht mehr fertig. Aber fragt doch mal unseren sprechenden Hut, vielleicht hat er das Zauberbuch gesehen oder kann euch einen Tipp geben, wer es gewesen sein könnte. Soweit ich weiß, war auch er den ganzen Vormittag in der Eingangshalle und hat den Professor unterstützt. Tschüss, ihr Lieben, ich muss jetzt wirklich los! Viel Glück noch bei der Suche!

Hinweis 11: Der sprechende Hut

Hallo liebe Kinder, was ist denn mit euch heute los? Dauernd sehe ich euch und die Freunde Lilly und Mo durch die Zauberschule laufen, als ob ihr irgendetwas suchen würdet. Mich würde sehr interessieren, ob ich da richtigliege. Ich bin seit heute früh in der Eingangshalle und unterstütze Professor Quizzle, der alle Zauberschülerinnen und -schüler wieder in der Zauberschule willkommen heißt. Deshalb habe ich das ganze Geschehen der Zauberschule sehr gut im Blick. Also, nun raus mit der Sprache: Was sucht ihr? – Oh nein! Das ist ja schrecklich, was ihr da erzählt! Meint ihr wirklich, dass es an unserer tollen Zauberschule einen Dieb oder eine Diebin gibt? Das kann ich mir gar nicht vorstellen. Wir sind doch eine große Familie und halten alle zusammen. Aber ich finde es sehr schön, dass ihr Mo helfen wollt, den Täter oder die Täterin zu finden. Ich sehe schon, ihr seid richtige Profis und habt euch eine Liste mit Verdächtigen gemacht. Mich könnt ihr auf jeden Fall durchstreichen, denn ich habe, wie gesagt, gemeinsam mit Professor Quizzle seit ca. 9 Uhr den Begrüßungsdienst hier in der Eingangshalle übernommen. Ach so, das wisst ihr schon. Na, dann bin ich ja fein raus. Etwas Auffälliges gesehen habe ich leider auch nicht, zu gern hätte ich euch einen Tipp gegeben. Befragt doch mal unsere alte Kröte Henriette, die merkt bestimmt gleich, wenn hier etwas nicht stimmt, solange wie die schon hier an der Zauberschule ist. Ihr könnt sie bestimmt auf ihrem Rundweg um die Zauberschule finden. Vielleicht macht sie auch gerade einen Halt beim sprechenden Stein vor der Zauberschule. Lauft doch mal um die Zauberschule herum, dann findet ihr sie bestimmt. Am besten teilt ihr euch auf. Einer geht rechtsherum und der andere linksherum. Da findet ihr Henriette sicher schnell. Viel Glück!

Hinweis 12: Henriette, die Kröte

Quaaak, quaak! Langsam, ihr beiden! Wieso habt ihr es denn so eilig? Ihr seid ja ganz aus der Puste. Puh, also so schnell bin ich in meinem Alter nicht mehr. Aber ihr wolltet mir etwas erzählen, oder?
– Wie bitte, wir haben einen Dieb oder eine Diebin in der Zauberschule? Das kann doch wohl nicht wahr sein! Also ich bin zur Tatzeit auf meiner Morgenrunde gewesen. Ich denke, das sollte so zwischen 9 Uhr und 10 Uhr gewesen sein. Zwischendrin habe ich auch noch einen Morgenplausch mit dem sprechenden Stein vor der Zauberschule gehalten, denn der war heute schon außergewöhnlich früh wach. Er meinte, die ankommenden Schülerinnen und Schüler seien so unglaublich laut gewesen und hätten sich alle so viel zu erzählen gehabt. Hätte ich auf meiner Morgenrunde bloß besser aufgepasst, vielleicht wäre der Täter oder die Täterin dann direkt an mir vorbeigelaufen. Naja, aber ich bin euch hierbei leider keine große Hilfe, außer dass ich euch sagen kann, dass ich es nicht gewesen bin. Viel Erfolg euch noch!

Moment mal, wartet! Ich glaube, ich kann euch vielleicht doch noch helfen. Heute Morgen so gegen 9 Uhr – oder war es doch schon 9.30 Uhr? Hmm ... – ich denke, es ist eher 9.30 Uhr gewesen. Auf jeden Fall habe ich da unsere Eule Amalia mit ihren großen Flügeln schlagen hören. Ich sage euch: Die erkenne ich sofort. Das ist mir etwas merkwürdig vorgekommen, denn das ist doch schon sehr früh für unsere liebe Eule. Normalerweise kommt sie erst wieder gegen 10 Uhr von ihrer morgendlichen Flugrunde in der Zauberschule an und sieht nach, ob alle Kinder brav im Unterricht sind und sich auch keiner mehr draußen herumtreibt. Vielleicht hat Amalia etwas mit dem Verschwinden des Zauberbuches von Mo zu tun. Mich könnt ihr auf jeden Fall von der Liste der Verdächtigen streichen.

Bevor ihr nun weiter fleißig versucht, herauszufinden, wer das Zauberbuch gestohlen hat, und wir es Mo hoffentlich schnell wiedergeben können, erledigt doch erst mal die Sternchenaufgabe. Gemeinsam hören wir uns dann an, was uns die Eule zu ihrer Verteidigung zu sagen hat.

Täterin: Amalia, die Eule

Habt ihr ein Glück, dass ihr mich hier im Kräutergarten antrefft! Normalerweise bin ich zu dieser Zeit immer für den Professor unterwegs und liefere wichtige Briefe aus. Aber heute ist alles anders und mein ganzer Tagesplan ist durcheinander. Irgendwie hat die ganze Zeit etwas sehr Außergewöhnliches in der Luft der Zauberschule gelegen und da konnte ich mich einfach nicht auf meine morgendliche Flugrunde begeben, bevor ich nicht wusste, was in meiner Schule vor sich geht. Also bin ich am Morgen ab 8 Uhr bis circa 9.30 Uhr um die Zauberschule herum und von der Besengasse zur Zauberschule geflogen – immer hin und her. Denn heute kommen ja wieder so viele Kinder zurück. Dann ist endlich wieder die ganze Schulfamilie zusammen und kann gemeinsam lernen und zaubern. Was sagt ihr da? Ohne Zauberbuch könnt ihr nicht zaubern? Aber wo sind denn eure Bücher? Wirklich? Mos Zauberbuch wurde gestohlen und ihr glaubt wirklich, dass ich so etwas tun würde? Ganz Unrecht habt ihr nicht. Ich wollte euch einfach mal einen gewaltigen Schrecken einjagen und muss jetzt wirklich mit euch ein ernstes Wörtchen reden. Wie oft sagen euch eure Zauberlehrerinnen und -lehrer, dass ihr die wichtigen Zauberutensilien, wie Zauberstab, Zauberkugel und Zauberbuch, nirgends einfach so herumliegen lassen sollt? Als ich bei meinem Flug um die Zauberschule Mo auf der Bank hinter der Zauberschule sah, habe ich ihn beobachtet und gesehen, wie er einfach sein Zauberbuch liegen gelassen hat, als er wieder in die Zauberschule hineingegangen ist. Da habe ich mir gedacht: So, jetzt schnapp ich mir das Zauberbuch. Denn ihr müsst lernen, dass ihr so wichtige Dinge nicht einfach liegen lassen könnt. Aber spätestens heute Abend vor dem Abendessen hätte ich Mo sein Zauberbuch zurückgegeben. Wirklich, ihr müsst mir glauben, ich möchte euch ja nichts Böses. Ich muss aber auch sagen, dass ihr wirklich gute Detektivinnen und Detektive seid und Mo und Lilly froh sein können, solche Freundinnen und Freunde zu haben.

QR-Codes – Das verschwundene Zauberbuch 1/2

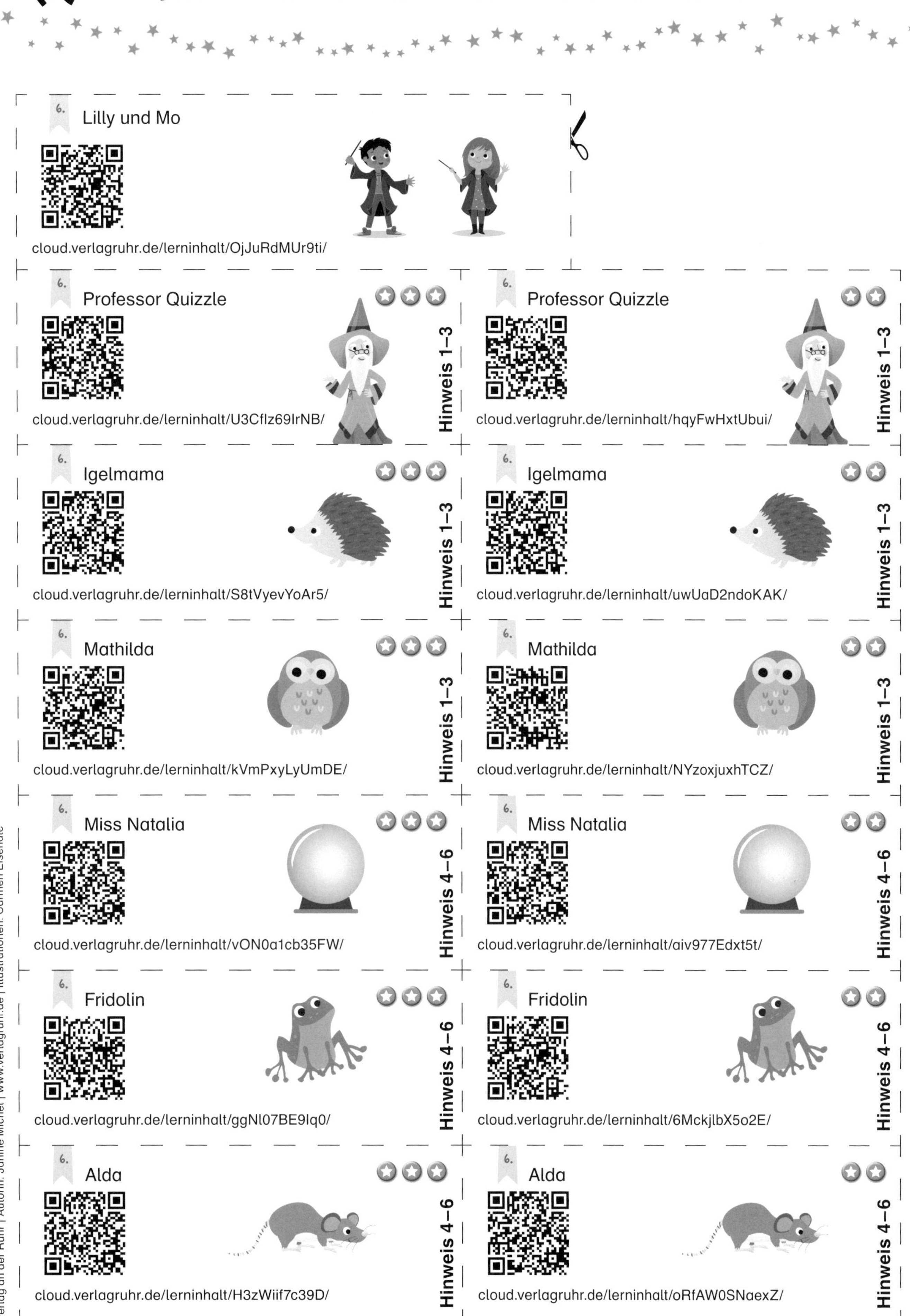

QR-Codes – Das verschwundene Zauberbuch 2/2

Das verschwundene Zauberbuch: Personenaussagen

1. Trage in die Tabelle die Person ein, die du angehört hast.
2. Notiere auch das Alibi, das der- oder diejenige hat, und beweist, dass er oder sie nicht der Täter oder die Täterin ist.
3. Schreibe auch auf, wen diese Person verdächtigt.

Person	Alibi	verdächtigt

Das verschwundene Zauberbuch: Wer hat ein Alibi?

Streiche die Personen, Tiere oder Gegenstände durch, die nicht Mos Zauberbuch gestohlen haben können.

 Amalia	 Freddy	 Igelmama	 Leila und Pünktchen
 Mathilda	 Alda	 Henriette	 Fräulein Flauschig
 Wächter der goldenen Schlüssel	 Sprechender Hut	 Fridolin	 Miss Natalia
 Professor Quizzle			

Das verschwundene Zauberbuch

Stelle dir vor, du triffst ein Tier oder eine Lehrkraft der Zauberschule und möchtest über den Vorfall reden. Wie würde euer Gespräch aussehen?

1. **Suche dir zuerst mit deinem Partnerkind ein Tier oder eine Person aus, mit der du das Gespräch führen möchtest.**

....

....

2. **Schreibe das Gespräch in Form einer wörtlichen Rede auf.**

Tiere und Orte um die Zauberschule

1. Hast du dem Fuchs Freddy gut zugehört?
- Welche und wie viele Tiere leben im Wald?
- Was fressen sie gern?
- Fülle die Tabelle aus.

Anzahl	Tier	Futter
2	Rehe	Nüsse
5	Eichhörnchen	Nüsse
viele	Vögel	Beeren
2	Füchse	lila und rote Beeren
1	Eule	Regenwürmer

2. Zeichne alle Orte und Dinge ein, die dir die Eule Amalia nennt. Du siehst den Umriss der Zauberschule schon von oben.

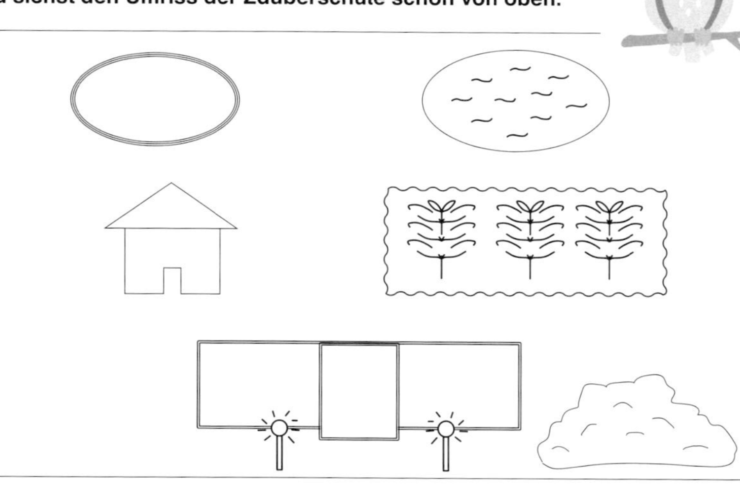

Namen und Wege auf dem Gelände

Du siehst die Zauberschule und das Gelände von oben. Ergänze alle Namen, die dir die Kröte Henriette nennt.

Dunkelsee
Fuchspass
Kräutergarten
Hexengasse
Zauber-schule
Magierplatz
Zaubergasse
Eulenweg
Sternengasse
Besengasse
Stadion
Bärenhöhle
Finstergasse
Wege
Gebäude

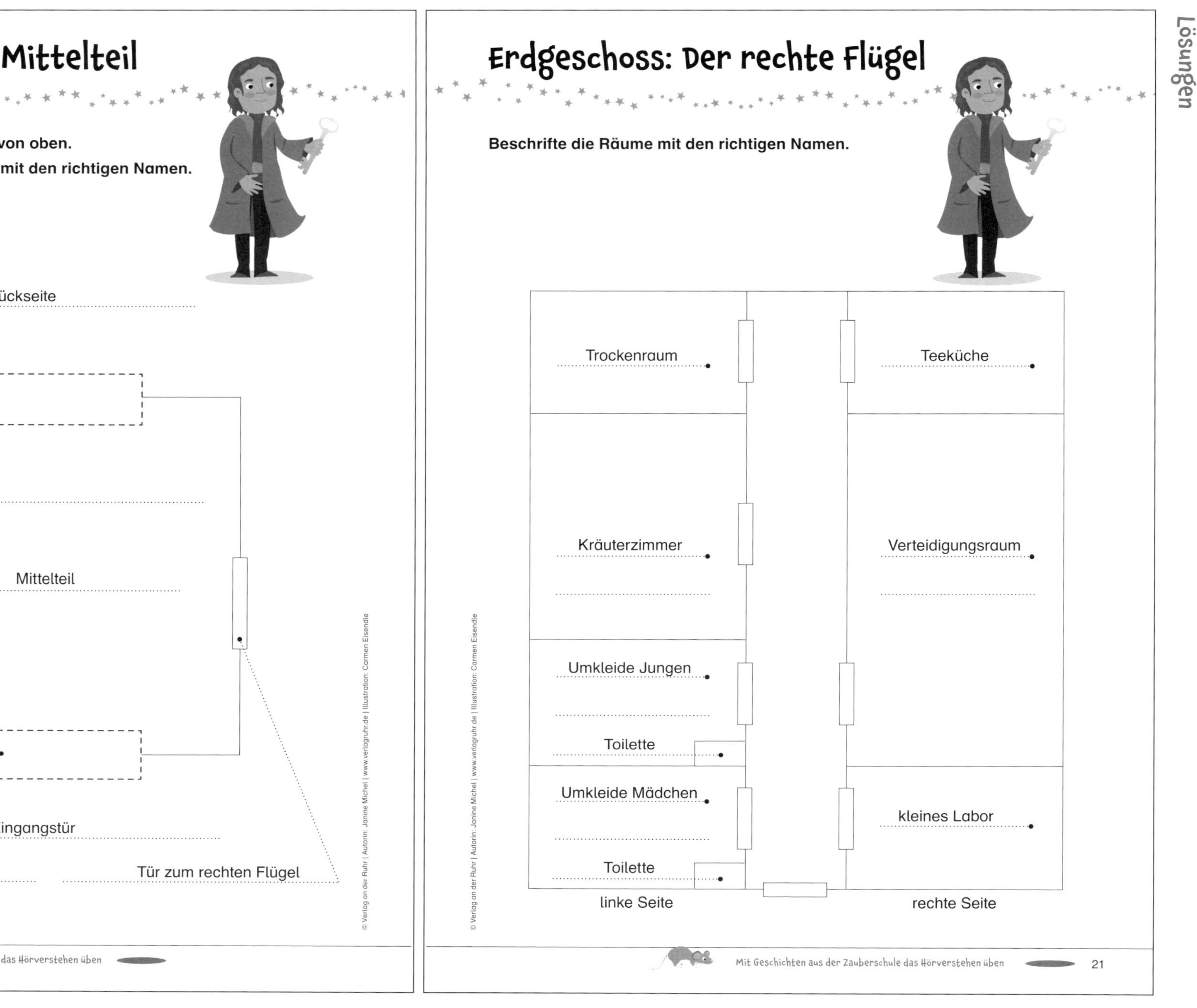

Erdgeschoss: Der Mittelteil

Hier siehst du die Zauberschule von oben.
Beschrifte die Räume und Türen mit den richtigen Namen.

Erdgeschoss: Der rechte Flügel

Beschrifte die Räume mit den richtigen Namen.

Erdgeschoss: Der linke Flügel

Beschrifte die Räume mit den richtigen Namen.

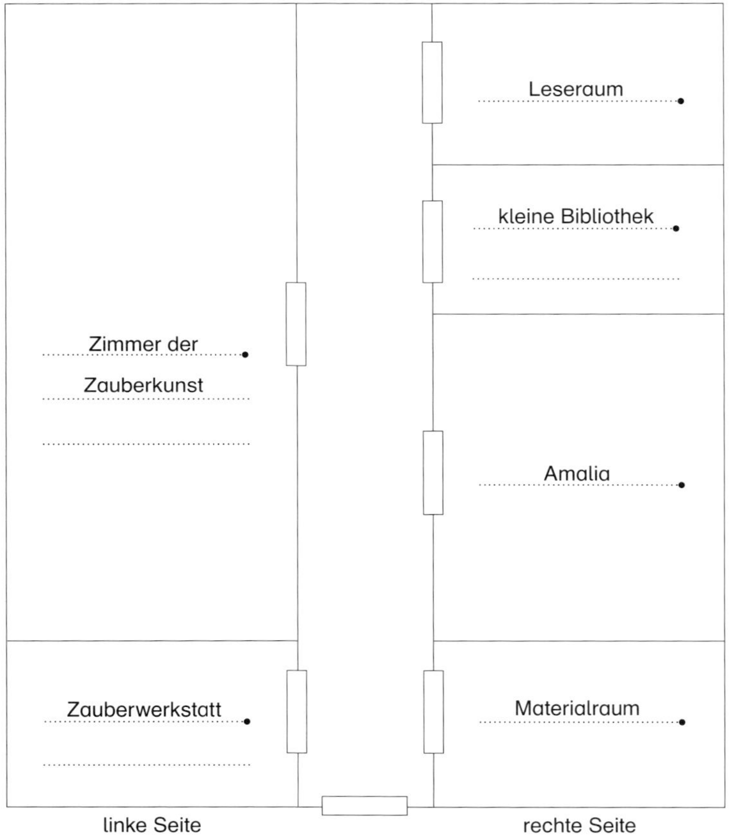

linke Seite		rechte Seite
		Leseraum
		kleine Bibliothek
Zimmer der Zauberkunst		Amalia
Zauberwerkstatt		Materialraum

Erdgeschoss

Verbinde den Namen des Raumes mit dem passenden Schild.

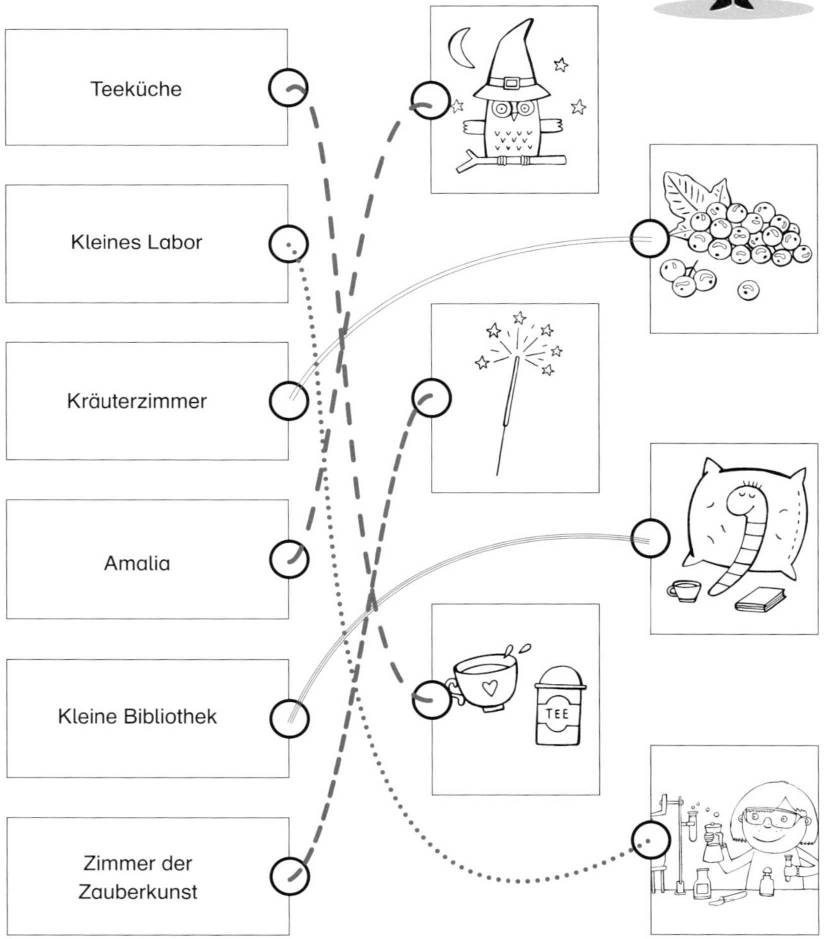

Teeküche

Kleines Labor

Kräuterzimmer

Amalia

Kleine Bibliothek

Zimmer der Zauberkunst

TEE

alle Strichzeichnungen: Anja Boretzki

Erster Stock: Der Mittelteil

Beschrifte die Räume und Türen mit den richtigen Namen.

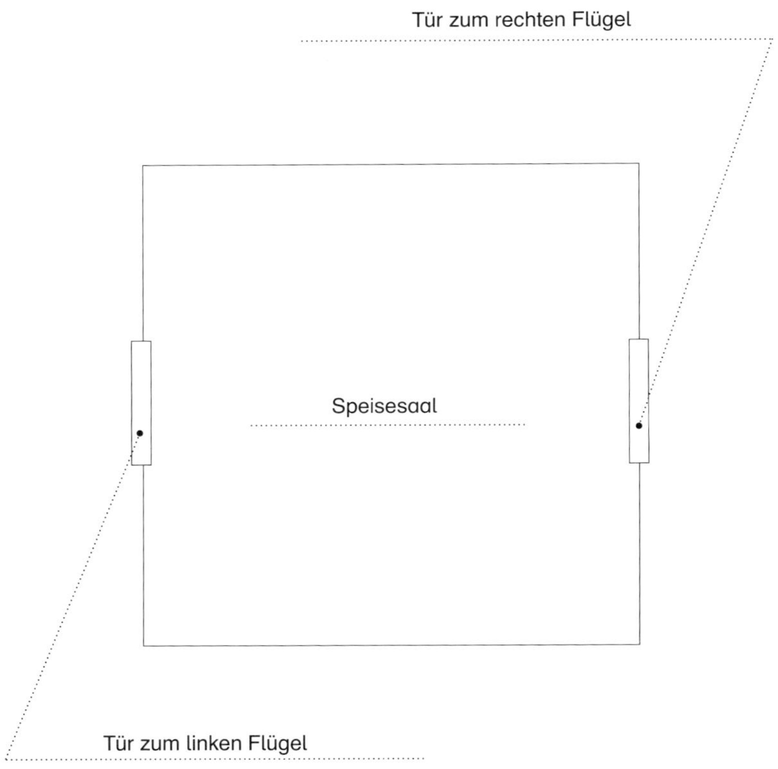

Tür zum rechten Flügel

Speisesaal

Tür zum linken Flügel

Erster Stock: Der rechte Flügel

Beschrifte die Räume mit den richtigen Namen.

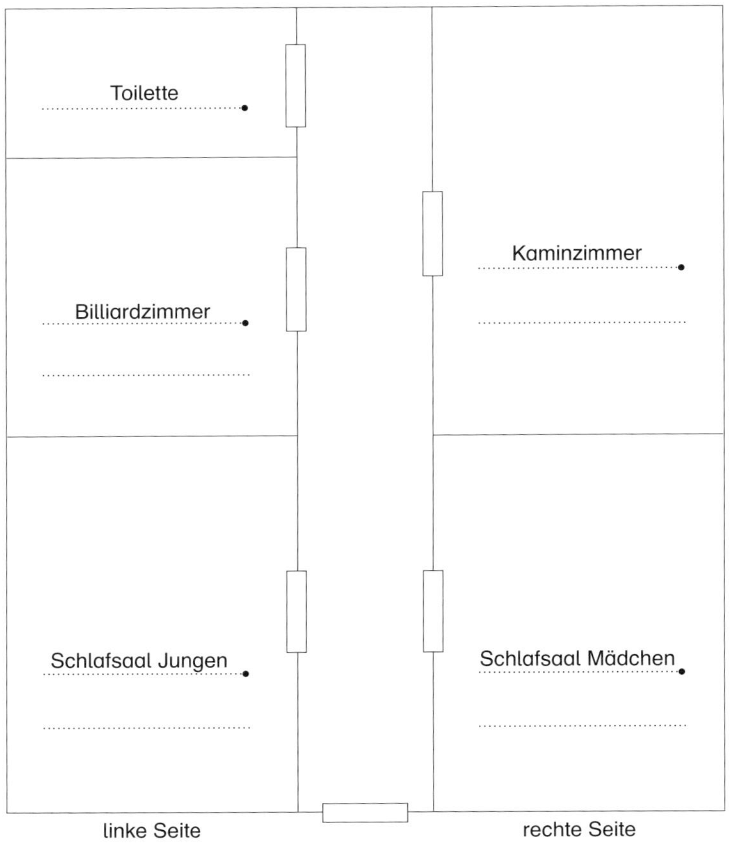

Toilette

Billiardzimmer

Kaminzimmer

Schlafsaal Jungen

Schlafsaal Mädchen

linke Seite

rechte Seite

Erster Stock: Der linke Flügel

Beschrifte die Räume mit den richtigen Namen.

Lesesaal

Höhle des Wahrsagens

große, alte Bibliothek

Pokalzimmer

linke Seite

rechte Seite

Erster Stock

Verbinde den Namen des Raumes mit dem passenden Schild.

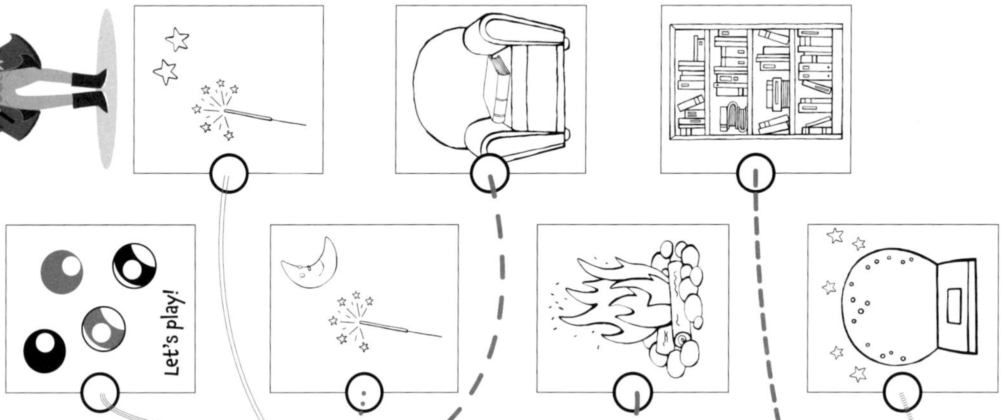

Lesesaal

Schlafsaal Jungen

Schlafsaal Mädchen

Kaminzimmer

Billardzimmer

alte Bibliothek

Höhle des Wahrsagens

Let's play!

Bildvorlagen

Lilly

Carmen Eisendle

Mo

Carmen Eisendle

Wächter der goldenen Schlüssel

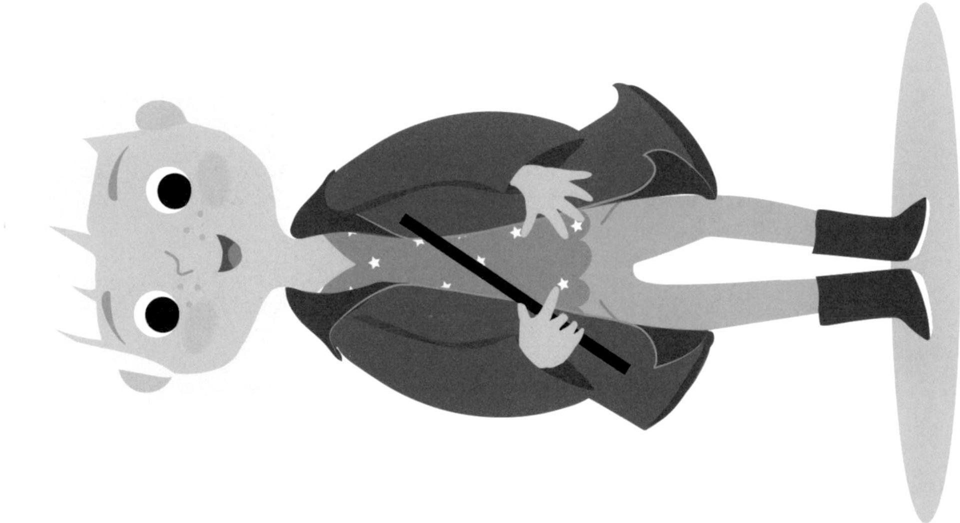

Carmen Eisendle

Hermine

Carmen Eisendle

Carmen Eisendle

Professor Quizzle

Carmen Eisendle

Mister Higgins

Carmen Eisendle

Leila und Pünktchen

Carmen Eisendle

Kunibert

Freddy

Fräulein Flauschig

Mathilda

Amalia

Carmen Eisendle

Igelmama

Carmen Eisendle

Fridolin

Carmen Eisendle

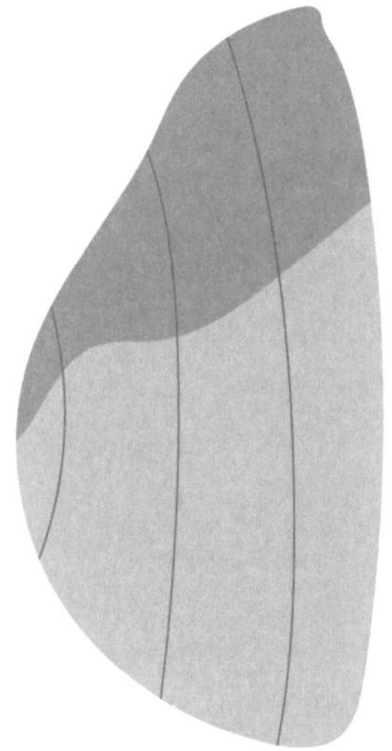

Sprechender Stein

Carmen Eisendle

Miss Natalia

Carmen Eisendle

Henriette

Carmen Eisendle

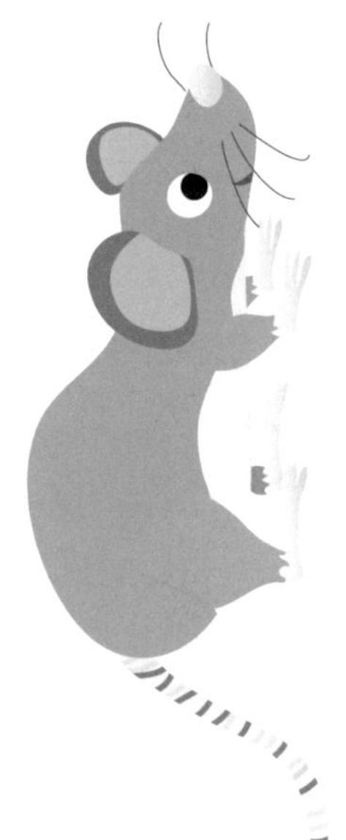

Alda

Carmen Eisendle

Sprechender Hut